Inhalt

12 **Fleisch & Geflügel**
Neben den Klassikern Bolognese und Carbonara gibt es hier alles mit Steaks, Schnitzeln, Tatar und mehr.

74 **Fisch & Meeresfrüchte**
Schnelle Pfannengerichte mit Thunfisch oder cremige Saucen mit Lachs – immer das Richtige auf den Tisch.

108 **Vegetarisch**
Spinatravioli, Gemüselinguine oder Pastinaken-Nudel-Auflauf – hier gibt es Gemüse satt.

164 **Auf einen Blick**
Hier findest du alle Rezepte – übersichtlich von A-Z sortiert

166 **Lust auf…**
Du hast heute Appetit auf Asiatisch oder ein Pfannengericht? In dieser Übersicht findest du je nach Lust und Laune das richtige Rezept für dich.

168 **Impressum**

QR-Code scannen und Einkaufslisten und Kochvideo entdecken

Rezeptinfos

 SmartPoints Wert und zusätzlich kcal/kJ pro Person/Glas/Stück

 Dieses Symbol zeigt dir, wie du das Rezept variieren kannst.

 Gut zu wissen – Tipps und Tricks sowie hilfreiche Warenkunde erkennst du an diesem Symbol.

 Film ab! Entdeckst du dieses Symbol an einem Rezept, gibt es dazu ein Kochvideo. Einfach den QR-Code auf dieser Seite scannen. Zu welchen Rezepten es Videos gibt, siehst du übersichtlich im Register auf Seite 164.

Extra für dich: Auf den Rezeptseiten erfährst du direkt neben dem SmartPoints Wert, ob ein Rezept gluten- oder laktosefrei, vegan oder vegetarisch ist. Die Kennzeichnung ist rein informativ und nicht verbindlich. Es liegt in der persönlichen Verantwortung zu püfen, ob die verwendeten Lebensmittel die Anforderungen erfüllen. Zusätzlich findest du auch eine Info, wenn sich ein Gericht gut zum Einfrieren eignet.

Fertig in: Hier sind alle Vorbereitungs-schritte, Marinier-, Gar- und Backzeiten eingerechnet.

Davon aktiv: Diese Zeitangabe sagt dir, wie lange du wirklich mit Schnippeln und Rühren beschäftigt bist.

& trotzdem abnehmen

Willkommen in der Weight Watchers Welt.

Weight Watchers bietet dir ein modernes, ganzheitliches Programm, das auf jeden Teilnehmer individuell zugeschnitten wird und ausgewogene Ernährung, Bewegung und Motivation kombiniert – so, wie du es brauchst. Dabei steht Abnehmen natürlich weiter klar im Mittelpunkt, doch unsere Philosophie geht weit darüber hinaus.

Wir möchten zu einem guten Lebensgefühl beitragen. Zu besserer, ausgewogener Ernährung. Zu attraktiverem Aussehen und positiver Ausstrahlung.

Treffen

Mit einer starken Community und der persönlichen Unterstützung unserer Coaches zum Wunschgewicht.

 Motivation, Inspiration und hilfreiche Ratschläge unserer Coaches.

 Gemeinsamer Austausch, Hilfestellung und Motivation in der Community.

 Neueste Erkenntnisse zum Thema Ernährung, von Experten gebündelt.

Online

Ob unterwegs, in der Bahn oder zu Hause aus dem Wohnzimmer – mit Weight Watchers Online und der passenden App bist du always on.

 Wähle aus über 6.000 Rezepten und 60.000 Lebensmitteln aus unserer Datenbank.

 Barcode-Scanner für sofortigen SmartPoints Check im Supermarkt.

 Tausche dich über die App mit deiner Community aus und lass dich jeden Tag aufs Neue motivieren.

Alle Infos zu unserem Programm gibt es unter www.weightwatchers.de

[1] Gewichtsabnahme wurde mit Weight Watchers Meeting und Online-Tools erreicht.

Infos

Pasta ist nicht gleich Pasta

Hier stellen wir dir die wichtigsten Sorten und ihre Besonderheiten vor.

Lange Nudeln

Spaghetti
Die älteste und wohl beliebteste Nudelsorte. Dünnere Spaghettini haben eine kürzere Kochzeit und sind besonders für die schnelle Küche geeignet. In Kombination mit Tomatensauce oder Pesto der italienische Klassiker.

Tagliatelle
Klassische breite Bandnudeln, an denen aufgrund ihrer rauen Oberfläche viel Sauce haften bleibt. Passen prima zu herzhaften und stückigen Saucen.

Linguine
Schmale Bandnudeln, die besonders mit etwas leichteren, feinen Saucen harmonieren. Im Kühlregal sind Linguine oft als Frischprodukt erhältlich – durch die kurze Kochzeit praktisch für die schnelle Küche.

Makkaroni
Röhrenförmige Nudelsorte, die durch den hohlen Innenraum viel Sauce aufnehmen kann.

Spätzle
Schwäbische Eiernudeln, die klassisch von einem Brett ins kochende Wasser geschabt werden. Alternativ kann auch eine spezielle Spätzlepresse oder ein Spätzlehobel verwendet werden. Oft als Frischprodukt im Kühlregal erhältlich. Schmecken besonders gut in Kombination mit herzhaften Saucen.

Kurze Nudeln

Spiralnudeln
Auch als Fusilli oder Spirelli bekannt und vor allem bei Kindern beliebt. Aufgrund ihrer Struktur nehmen Spiralnudeln besonders viel Sauce auf.

Farfalle
Ihren Namen – dem italienischen Wort für Schmetterling – haben sie ihrer besonderen Form zu verdanken. Harmonieren mit stückigen Saucen und lassen sich auch gut in Eintöpfen und Salaten einsetzen.

Orecchiette
Ohrenförmige Nudelsorte, die gut in Kombination mit leichten Saucen oder in Suppen verwendet werden kann.

Penne
Der Klassiker unter den Röhrennudeln. Können durch den großen Hohlraum und die gerillte Oberfläche viel Sauce aufnehmen und passen vor allem zu cremigen Saucen.

Kritharaki
Kleine Nudeln aus der griechischen Küche, die auch unter den Namen Orzo oder Risoni bekannt sind. Die ebenfalls oft verwendete Bezeichnung Reisnudeln bezieht sich auf ihr reiskornförmiges Aussehen, die Nudeln werden wie italienische Pasta aus Hartweizengrieß hergestellt. Eignen sich besonders zum Garen direkt in der Sauce oder in Eintöpfen.

Asiatische Nudeln

Glasnudeln
Fast durchsichtige Nudelsorte aus Mungobohnenstärke, die nicht gekocht werden muss, sondern nur in warmem Wasser eingeweicht wird. Nach dem Garen die langen Stränge gegebenenfalls mit einer Schere kürzer schneiden.

Reisnudeln
Fast durchsichtige Nudeln aus Reismehl, die nach dem Garen eine weißliche Farbe bekommen. Wie Glasnudeln müssen Reisnudeln nur in warmem Wasser eingeweicht werden. Geeignet vor allem für Suppen und Pfannengerichte.

Mie-Nudeln
Chinesische (Eier-)Weizen-Nudeln, die als getrocknete Platten erhältlich sind. Sie können in der Sauce oder Suppe gegart oder in wenigen Minuten separat gekocht werden. Passen zu allen asiatischen Gerichten.

Nudeln selbst gemacht

Mit diesem Grundrezept für Nudelteig kannst du deine Pasta ganz einfach selbst machen: Verkneten, ausrollen, in Streifen schneiden und garen – schon hast du leckere Tagliatelle auf dem Tisch!

Nudelteig Grundrezept
fertig in: 50 Minuten
davon aktiv: 15 Minuten

Für 2 Personen:
60 g Mehl
40 g Hartweizengrieß
1 Ei (Größe M)
1/2 TL Salz
1 TL Olivenöl

Tagliatelle
55 g Mehl mit Grieß, Ei, Salz und Öl zu einem glatten Teig verkneten und in Frischhaltefolie gewickelt ca. 30 Minuten ruhen lassen. Arbeitsfläche mit restlichem Mehl bestäuben, Teig darauf dünn ausrollen und in ca. 1 cm breite Streifen schneiden. Teigstreifen ca. 5 Minuten antrocknen lassen, damit sie beim Garen nicht aneinander kleben. Nudeln in leicht köchelndem Salzwasser ca. 3–5 Minuten garen, abgießen und mit Sauce nach Wahl servieren.

1 Nudelteig – 3 Nudelvarianten!

Variante Farfalle:
Ausgerollten Teig mit einem Messer in ca. 1,5 cm hohe Streifen schneiden. Anschließend mit einem gewellten Rädchen in 3–4 cm breite Rechtecke schneiden. Quadrate in der Mitte mit einem Holzstäbchen zusammendrücken, sodass kleine „Schmetterlinge" entstehen, und Nudeln ca. 5 Minuten trocknen lassen. Wie beschrieben garen.

Variante Spaghetti:
Teig in eine Nudelmaschine mit Spaghetti-Aufsatz geben und mit restlichem Mehl bestäuben. Zu ca. 25 cm langen Nudeln durch die Maschine drehen und mit einem scharfen Messer abschneiden. Nudeln ausbreiten, ca. 5 Minuten antrocknen lassen und anschließend wie beschrieben garen.

Infos

Easy kochen mit Nudeln

Nudeln sind die Allrounder der Küche, denn mit ihnen lässt sich auch ohne viel Aufwand und großen Einkauf etwas Feines zaubern. Wenn du ein paar Basics im Schrank hast, kannst du jederzeit schnell ein leckeres Essen auf den Tisch bringen. Hier ein paar Tipps!

Nudeln, passierte oder stückige Tomaten (Konserve) sowie Gewürze und Kräuter (getrocknet oder TK) reichen als Basis. Kombiniert mit ein paar weiteren Zutaten kannst du dir nach Lust und Laune deine Lieblingspasta kochen:

- Konserven mit Mais, Erbsen, Kidneybohnen, weißen Bohnen, Kichererbsen oder Gemüse-Mischungen wie Asia-Gemüse
- Thunfisch im eigenen Saft (Konserve)
- TK-Produkte wie Blattspinat, Broccoliröschen, Lachsfilets, Garnelen oder Meeresfrüchte
- Frischkäse, Schmand oder Crème légère zum Verfeinern

Tomaten- oder Gemüsesaucen eignen sich auch hervorragend zum Einfrieren. Während des Auftauens schnell die Nudeln kochen – fertig.

Saucen, die sich besonders gut einfrieren lassen, sind z. B.

- Karotten-Schinken-Sauce (S. 57)
- Sauce Arrabiata (S. 41)
- Sauce Bolognese (S. 62)
- Tomaten-Auberginen-Sauce (S. 125)
- Broccolisauce (S. 114)
- Ratatouillesauce (S. 134)

Fleisch & Geflügel

Hack-Zucchini-Pfanne mit Nudeln

 fertig in: 40 Minuten | davon aktiv: 35 Minuten
342 kcal | 1432 kJ

Zucchini waschen, längs halbieren und in feine Scheiben schneiden oder hobeln. Schalotte schälen und in Würfel schneiden. Champignons trocken abreiben und in Scheiben schneiden. Basilikum waschen, trocken schütteln und mit Cashewnüssen grob hacken. Nudeln nach Packungsanweisung in Salzwasser garen.

Öl in einer Pfanne auf mittlerer bis hoher Stufe erhitzen, Hackfleisch darin 4–5 Minuten krümelig anbraten und mit Salz und Pfeffer würzen. Schalottenwürfel und Tomatenmark zufügen und unter Rühren anschwitzen.

Zucchini- und Champignonscheiben hinzugeben, mitbraten und mit Brühe ablöschen. Frischkäse unterrühren, mit Paprikapulver würzen und ca. 5 Minuten köcheln lassen. Saucenbinder einrühren und kurz aufkochen lassen.

Nudeln abgießen, zusammen mit Basilikum in die Pfanne geben und mit Salz und Pfeffer abschmecken. Hack-Zucchini-Pfanne mit Cashewnüssen bestreut servieren.

Für 2 Personen:

- 2 Zucchini
- 1 Schalotte
- 250 g Champignons
- 1/2 Bund Basilikum
- 6 Cashewnüsse
- 80 g trockene Penne
- Salz, Pfeffer
- 2 TL Rapsöl
- 250 g Geflügelhackfleisch (aus Geflügelbrustfilet)
- 1 EL Tomatenmark
- 200 ml Gemüsebrühe (1 TL Instantpulver)
- 3 EL Kräuterfrischkäse, bis 1 % Fett absolut
- 1/2 TL Paprikapulver
- 1 TL heller Saucenbinder

Fleisch & Geflügel

Gulasch-Gemüse-Topf mit Nudeln

 fertig in: 1 Stunde 50 Minuten | davon aktiv: 30 Minuten
427 kcal | 1786 kJ

Spitzkohl putzen, vierteln, den Strunk entfernen und Kohl in Streifen schneiden. Gulasch trocken tupfen und kleiner schneiden. Öl in einem Topf auf hoher Stufe erhitzen und Gulasch darin ca. 5 Minuten rundherum anbraten.

Tomatenmark dazugeben und kurz mitbraten. Kohlstreifen mit Lorbeerblättern, Zimt, Paprikapulver, Muskatnuss und Bohnenkraut unterheben und ca. 5 Minuten andünsten. Mit passierten Tomaten und Brühe ablöschen, mit Pflaumenmus verfeinern und mit Deckel auf niedriger bis mittlerer Stufe ca. 70 Minuten köcheln.

Zwiebeln schälen und würfeln. Cocktailtomaten waschen und halbieren. Nudeln mit Zwiebelwürfeln zum Gulasch geben und unter Rühren weitere 10–12 Minuten garen. Tomatenhälften unterheben und erwärmen. Lorbeerblätter entfernen, Gulaschtopf mit Salz und Pfeffer abschmecken und mit Petersilie bestreut servieren.

Für 4 Personen:

- 400 g Spitzkohl
- 600 g Rindergulasch
- 2 TL Rapsöl
- 3 EL Tomatenmark
- 3 Lorbeerblätter
- 1 Msp. Zimt
- 2 TL Paprikapulver
- 1 Msp. geriebene Muskatnuss
- 1 TL gehacktes Bohnenkraut
- 600 g passierte Tomaten (Konserve)
- 1,1 Liter Gemüsebrühe (1 EL Instantpulver)
- 1 TL Pflaumenmus
- 2 Zwiebeln
- 300 g Cocktailtomaten
- 240 g trockene Spiralnudeln
- Salz, Pfeffer
- 1 EL gehackte Petersilie

Chinesische Bratnudeln mit Gemüse

fertig in: 30 Minuten | davon aktiv: 20 Minuten
429 kcal | 1791 kJ

Putenschnitzel abspülen, trocken tupfen und in Streifen schneiden. Paprika, Broccoli und Frühlingszwiebeln waschen. Ingwer und Karotte schälen. Paprika entkernen und in Streifen schneiden. Broccoli in kleine Röschen teilen. Ingwer reiben, Karotte in Stifte und Frühlingszwiebeln in Ringe schneiden.

Öl in einer Pfanne auf mittlerer Stufe erhitzen, Putenschnitzelstreifen darin 3–4 Minuten rundherum braten, mit Salz und Pfeffer würzen und herausnehmen. Nudeln nach Packungsanweisung in Salzwasser garen. Paprikastreifen, Broccoliröschen, Ingwer und Karottenstifte im Bratensatz 2–3 Minuten anbraten, mit Sojasauce und Brühe ablöschen und mit Deckel 4–5 Minuten garen.

Nudeln abgießen. Frühlingszwiebelringe, Putenbruststreifen und Nudeln zum Gemüse geben und kurz erwärmen. Bratnudeln mit Salz und Pfeffer abschmecken. Ei verquirlen, unterrühren und stocken lassen. Chinesische Bratnudeln mit Chilisauce beträufeln und nach Wunsch mit Koriander garniert servieren.

Für 1 Person:

- 120 g Putenschnitzel
- 1 kleine rote Paprika
- 100 g Broccoli
- 2 Frühlingszwiebeln
- 1 Stück Ingwer (ca. 1 cm)
- 1 Karotte
- 1 TL Sesamöl
- Salz, Pfeffer
- 50 g trockene Mie-Nudeln
- 1 EL Sojasauce
- 50 ml Gemüsebrühe (1/4 TL Instantpulver)
- 1 Ei (Größe M)
- 1 TL Chilisauce

Fleisch & Geflügel

Fleisch & Geflügel

Penne mit gefüllten Hähnchenschnitzeln

fertig in: 45 Minuten | davon aktiv: 35 Minuten
398 kcal | 1662 kJ

Getrocknete Tomaten grob würfeln und ca. 10 Minuten in Brühe einweichen. Schalotten schälen und in Würfel schneiden, Zucchini waschen und in Scheiben schneiden. Tomatenwürfel abtropfen lassen und dabei 2 EL Sud auffangen. Tomatenwürfel mit Pinienkernen und Sud pürieren und mit Salz und Pfeffer würzen. Hähnchenschnitzel abspülen, trocken tupfen, gegebenenfalls flacher klopfen und mit Tomaten-Pinienkern-Creme bestreichen. Zusammenklappen und mit Spießen feststecken.

Öl in einer Pfanne auf mittlerer Stufe erhitzen und Schnitzel darin ca. 4 Minuten von jeder Seite anbraten. Mit Salz und Pfeffer würzen und herausnehmen. Nudeln nach Packungsanweisung in Salzwasser garen. Schalottenwürfel und Zucchinischeiben im Bratensatz anbraten und mit passierten Tomaten ablöschen. Mit Oregano und Honig verfeinern und mit Salz und Pfeffer abschmecken. Sauce aufkochen, Schnitzel zugeben und ca. 10 Minuten schmoren. Nudeln abgießen. Penne mit gefüllten Hähnchenschnitzeln, Sauce und nach Wunsch mit Basilikum garniert servieren.

Für 2 Personen:

- 10 getrocknete Tomaten ohne Öl
- 200 ml heiße Gemüsebrühe (1 TL Instantpulver)
- 2 Schalotten
- 1 Zucchini
- 3 TL Pinienkerne
- Salz, Pfeffer
- 2 Hähnchenschnitzel (à 160 g)
- 1 TL Rapsöl
- 100 g trockene Vollkorn-Penne
- 400 g passierte Tomaten (Konserve)
- 1/2 TL gehackter Oregano
- 1 TL Honig

Fleisch & Geflügel

Käsespätzle-Auflauf

fertig in: 45 Minuten | davon aktiv: 45 Minuten
469 kcal | 1964 kJ

Nudeln nach Packungsanweisung in Salzwasser garen. Zwiebel schälen und mit Speck würfeln. Frühlingszwiebeln waschen und in Ringe schneiden. Backofen auf 200° C (Gas: Stufe 3, Umluft: 180° C) vorheizen.

Speckwürfel in einer Pfanne auf kleiner bis mittlerer Stufe auslassen. Zwiebelwürfel und Frühlingszwiebelringe darin ca. 5 Minuten dünsten. Milch angießen und Schmelzkäse darin schmelzen. Mit Salz und Pfeffer würzen. Nudeln abgießen und mit der Speck-Zwiebel-Masse mischen. Masse in eine Auflaufform (ca. 20 x 30 cm) füllen, mit Käse bestreuen und im Backofen auf mittlerer Schiene ca. 20 Minuten backen.

Eisbergsalat waschen, trocken schleudern und in mundgerechte Stücke zerteilen. Gurke waschen, in Würfel schneiden und mit Eisbergsalat mischen. Für das Dressing Brühe, Öl, Essig, Senf und Dill verquirlen und mit Salz und Pfeffer würzen. Dressing unter den Salat mischen. Käsespätzle-Auflauf mit Petersilie bestreuen und mit Salat servieren.

Für 2 Personen:

- 100 g trockene Spätzle
- Salz, Pfeffer
- 1 Zwiebel
- 25 g Schinkenspeck
- 1/2 Bund Frühlingszwiebeln
- 125 ml fettarme Milch
- 100 g Schmelzkäse, 20 % Fett i. Tr.
- 4 EL geriebener Käse, 30 % Fett i. Tr.
- 1/2 Eisbergsalat
- 1/2 kleine Salatgurke
- 100 ml Gemüsebrühe (1/2 TL Instantpulver)
- 1 TL Rapsöl
- 1 TL Weißweinessig
- 3 TL Senf
- 1–2 TL gehackter Dill
- 1 EL gehackte Petersilie

Tagliatelle mit Hähnchenbrustfilet

fertig in: 35 Minuten | davon aktiv: 30 Minuten
331 kcal | 1385 kJ

Cocktailtomaten waschen. Rucola waschen, trocken schleudern und in mundgerechte Stücke zerteilen.

Hähnchenbrustfilet abspülen, trocken tupfen und mit Salz, Pfeffer und Paprikapulver würzen. Backofen auf 80° C (Gas: Stufe 1, Umluft: 60° C) vorheizen. Öl in einer Pfanne auf mittlerer Stufe erhitzen und Hähnchenbrustfilet darin 4–5 Minuten von jeder Seite braten. Nudeln nach Packungsanweisung in Salzwasser garen.

Hähnchenbrustfilet herausnehmen und im Backofen warm stellen. Cocktailtomaten kurz im Bratensatz schwenken und herausnehmen. Passierte Tomaten und Brühe in die Pfanne geben. Mit Kräutern der Provence, Essig, Salz, Pfeffer und Zucker würzen und ca. 3 Minuten köcheln lassen.

Nudeln abgießen. Hähnchenbrustfilet in Scheiben schneiden, mit Nudeln und Cocktailtomaten anrichten und mit Sauce und Rucola garniert servieren.

Für 4 Personen:

- 250 g Cocktailtomaten
- 150 g Rucola
- 360 g Hähnchenbrustfilet
- Salz, Pfeffer
- 1 TL Paprikapulver
- 2 TL Rapsöl
- 250 g trockene Tagliatelle
- 400 g passierte Tomaten (Konserve)
- 100 ml Gemüsebrühe (1/2 TL Instantpulver)
- 2 TL getrocknete Kräuter der Provence
- 1 EL dunkler Balsamicoessig
- 1 Prise Zucker

Fleisch & Geflügel

Nudeln mit spanischer Chorizo-Paprika-Sauce

 fertig in: 35 Minuten | davon aktiv: 25 Minuten
358 kcal | 1499 kJ

Salat waschen, trocken schleudern und in mundgerechte Stücke zerteilen. Für das Dressing Kefir, Ajvar, Ketchup, Essig und Agavendicksaft verrühren, mit Salz und Pfeffer abschmecken.

Paprika und Chilischote waschen und entkernen. Paprika in Würfel und Chilischote in Ringe schneiden. Öl in einem Topf auf mittlerer Stufe erhitzen, Knoblauch dazupressen und Paprikawürfel mit Chiliringen darin ca. 2 Minuten anbraten. Mit Brühe ablöschen und 8–10 Minuten köcheln lassen. Nudeln nach Packungsanweisung in Salzwasser garen.

Paprikamischung pürieren, mit Oregano verfeinern und mit Salz und Cayennepfeffer würzen. Chorizoscheiben halbieren und fettfrei in einer Pfanne auf mittlerer Stufe ca. 1 Minute von jeder Seite rösten. Salat mit Dressing mischen. Nudeln abgießen, mit Sauce und Chorizo anrichten und mit Salat servieren.

Für 2 Personen:

- 1/2 Eisbergsalat
- 100 ml fettarmer Kefir
- 1 TL Ajvar
- 1 TL Ketchup
- 2–3 EL Weißweinessig
- 2 TL Agavendicksaft
- Salz, Pfeffer
- 4 rote Paprika
- 1 kleine rote Chilischote
- 1 TL Olivenöl
- 1 Knoblauchzehe
- 150 ml Gemüsebrühe (1/2 TL Instantpulver)
- 120 g trockene Spiralnudeln
- 1/2 TL gehackter Oregano
- 1/2 TL Cayennepfeffer
- 50 g Chorizo

Farfalle in cremiger Tatar-Zucchini-Sauce

fertig in: 20 Minuten | davon aktiv: 15 Minuten
508 kcal | 2124 kJ

Zwiebel schälen, Zucchini waschen und beides würfeln. Nudeln nach Packungsanweisung in Salzwasser garen. Schnittlauch waschen, trocken schütteln und in Ringe schneiden.

Öl in einer Pfanne auf mittlerer bis hoher Stufe erhitzen und Tatar darin krümelig anbraten. Zwiebel-, Zucchiniwürfel und Senf dazugeben und kurz mitbraten. Mit Brühe ablöschen und auf mittlerer Stufe 6–8 Minuten köcheln lassen.

Nudeln abgießen, mit Crème légère, Zitronensaft und Schnittlauch zur Sauce geben, kurz erwärmen und mit Salz und Pfeffer abschmecken. Farfalle in cremiger Tatar-Zucchini-Sauce servieren.

Für 1 Person:

- 1 Zwiebel
- 1 Zucchini
- 70 g trockene Farfalle
- Salz, Pfeffer
- 1/2 Bund Schnittlauch
- 1 TL Olivenöl
- 150 g Tatar
- 1 TL Senf
- 75 ml Gemüsebrühe (1/4 TL Instantpulver)
- 1 EL Crème légère
- 1 TL Zitronensaft

Du kannst das Tatar auch gegen 150 g Steakstreifen austauschen. Nimm sie nach dem Anbraten aus der Pfanne und gib sie später zum Erwärmen mit Crème légère wieder zu. Der SmartPoints Wert erhöht sich auf 12.

Fleisch & Geflügel

Fleisch & Geflügel

Pasta mit Pfifferlingsauce

fertig in: 30 Minuten | davon aktiv: 25 Minuten
335 kcal | 1400 kJ

Pfifferlinge trocken abreiben, gegebenenfalls waschen. Zwiebel und Knoblauch schälen und mit Schinkenspeck in Würfel schneiden. Schinkenspeckwürfel in einer Pfanne auf kleiner bis mittlerer Stufe auslassen. Knoblauch- und Zwiebelwürfel zugeben und anbraten.

Pfifferlinge zugeben und mitbraten. Mit Brühe ablöschen, Saucenbinder einrühren und 5–10 Minuten köcheln lassen. Nudeln nach Packungsanweisung in Salzwasser garen.

Pfifferlingsauce mit Schmand verfeinern und mit Salz, Pfeffer und Majoran würzen. Nudeln abgießen. Pfifferlingsauce mit Bandnudeln auf Tellern anrichten und mit Petersilie bestreut servieren.

Für 2 Personen:

- 400 g Pfifferlinge
- 1 Zwiebel
- 1 Knoblauchzehe
- 50 g Schinkenspeck
- 100 ml Gemüsebrühe (1/2 TL Instantpulver)
- 1 EL heller Saucenbinder
- 150 g trockene Linguine
- Salz, Pfeffer
- 1 EL Schmand
- 1/2 TL gehackter Majoran
- 2 EL gehackte Petersilie

Nudel-Rindfleisch-Topf mit Spinat

 fertig in: 30 Minuten | davon aktiv: 25 Minuten
417 kcal | 1744 kJ

Spinat waschen und trocken schleudern, TK-Spinat gegebenenfalls auftauen lassen und ausdrücken. Zwiebel schälen und würfeln. Steak trocken tupfen und in Streifen schneiden. Öl in einem Topf auf hoher Stufe erhitzen, Steakstreifen darin 1–2 Minuten rundherum braten, salzen, pfeffern und herausnehmen.

Zwiebelwürfel und Kritharaki im Bratensatz kurz andünsten, mit Fond ablöschen und auf niedriger bis mittlerer Stufe ca. 10 Minuten garen, dabei gelegentlich umrühren. Spinat mit Steakstreifen unterheben und erwärmen. Risotto mit Pecorino und Muskatnuss verfeinern, mit Salz und Pfeffer abschmecken und servieren.

Für 2 Personen:

- 500 g Babyspinat (ersatzweise TK-Spinat)
- 1 Zwiebel
- 200 g Rindersteak
- 1 TL Rapsöl
- Salz, Pfeffer
- 120 g trockene Kritharaki
- 300 ml heißer Rinderfond (ersatzweise Gemüsebrühe)
- 2 EL geriebener Pecorino (ersatzweise Parmesan)
- 1 Prise geriebene Muskatnuss

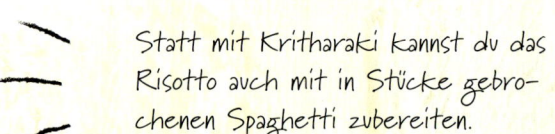

Statt mit Kritharaki kannst du das Risotto auch mit in Stücke gebrochenen Spaghetti zubereiten.

Fleisch & Geflügel

Spaghetti Carbonara

 fertig in: 25 Minuten | davon aktiv: 20 Minuten
411 kcal | 1721 kJ

Nudeln nach Packungsanweisung in Salzwasser garen. Salat waschen, trocken schleudern und in mundgerechte Stücke zerteilen. Für das Dressing Joghurt mit Essig, Ahornsirup und 1 EL Petersilie verrühren und mit Salz und Pfeffer abschmecken.

Eigelb mit Cremefine, Frischkäse und restlicher Petersilie verquirlen und mit Salz, Pfeffer und Muskatnuss würzen. Öl in einer Pfanne auf mittlerer Stufe erhitzen, Knoblauch dazupressen und Schinkenwürfel darin 1–2 Minuten anbraten.

Nudeln abgießen und in die Pfanne geben. Eiermischung darübergießen, gut verrühren, in der Pfanne erwärmen und nicht mehr kochen lassen. Salat mit Dressing beträufeln und mit Spaghetti Carbonara servieren.

Für 2 Personen:

- 120 g trockene Spaghetti
- Salz, Pfeffer
- 1 Lollo rosso
- 125 g fettarmer Joghurt
- 1 EL Weißweinessig
- 1 TL Ahornsirup
- 2 EL gehackte Petersilie
- 1 Eigelb (Größe M)
- 100 ml Cremefine zum Kochen, 7 % Fett
- 3 EL Kräuterfrischkäse, bis 1 % Fett absolut
- 1 Prise geriebene Muskatnuss
- 1 TL Rapsöl
- 1 Knoblauchzehe
- 80 g magere Schinkenwürfel

Lasagne mit Hackfleisch

fertig in: 90 Minuten | davon aktiv: 35 Minuten
einfrieren
433 kcal | 1810 kJ

Lauch waschen und in Ringe schneiden. Karotte und Sellerie schälen und in Würfel schneiden. Öl in einem Topf auf hoher Stufe erhitzen, Tatar darin krümelig anbraten und kräftig mit Salz und Pfeffer würzen. Lauchringe, Karotten- und Selleriewürfel dazugeben und kurz andünsten.

Stückige und passierte Tomaten mit Rotwein angießen und ca. 15 Minuten mit Deckel köcheln lassen. Mit Salz, Pfeffer und Paprikapulver würzen und mit Oregano und Basilikum verfeinern. Backofen auf 200° C (Gas: Stufe 3, Umluft: 180° C) vorheizen.

Lasagneblätter und Tomaten-Tatar-Sauce abwechselnd in eine Auflaufform (ca. 22 cm x 32 cm) schichten, dabei mit der Sauce anfangen und abschließen. Lasagne mit Käse bestreuen und im Backofen auf mittlerer Schiene ca. 45 Minuten goldbraun backen, dabei nach ca. 30 Minuten Backzeit mit Alufolie abdecken. Lasagne mit Hackfleisch servieren.

Für 4 Personen:

- 1 Stange Lauch
- 1 Karotte
- 150 g Knollensellerie
- 2 TL Rapsöl
- 250 g Tatar
- Salz, Pfeffer
- 800 g stückige Tomaten (Konserve)
- 500 g passierte Tomaten (Konserve)
- 100 ml Rotwein
- 1 TL Paprikapulver
- 1 TL gehackter Oregano
- 1 TL gehacktes Basilikum
- 12 trockene Lasagneblätter
- 120 g geriebener Käse, 30 % Fett i. Tr.

Mie-Nudel-Salat mit Hähnchensaté

fertig in: 50 Minuten | davon aktiv: 40 Minuten
438 kcal | 1831 kJ

Hähnchenbrustfilet abspülen, trocken tupfen und in Würfel schneiden. Für die Marinade Ingwer schälen, fein hacken und mit 100 ml Sojasauce verrühren. Marinade und Fleisch in einen Gefrierbeutel geben, gut verkneten und im Kühlschrank ca. 30 Minuten marinieren.

Für den Salat Nudeln nach Packungsanweisung in Salzwasser garen, abgießen und abschrecken. Frühlingszwiebeln waschen und in Ringe schneiden. Karotten schälen. Chinakohl waschen, Boden samt Strunk entfernen und Kohl mit Karotten in feine Streifen schneiden. Chilischote waschen, entkernen und würfeln. Erdnüsse grob hacken. Für das Dressing Essig mit Brühe und Chiliwürfeln verrühren, mit Salz, Pfeffer, Kurkuma und Kreuzkümmel würzen. Nudeln mit Kohl-, Karottenstreifen und Frühlingszwiebelringen vermischen. Dressing unterheben und Salat mit Erdnüssen bestreuen.

Hähnchenbrustwürfel abtropfen lassen und auf 8 Spieße stecken. Öl in einer Pfanne auf mittlerer bis hoher Stufe erhitzen und Hähnchensaté darin rundherum 15–18 Minuten braten. Für den Dip Erdnusscreme mit Joghurt, restlicher Sojasauce und Koriander verrühren und mit Salz und Pfeffer abschmecken. Hähnchensaté mit Erdnussdip und Mie-Nudel-Salat servieren.

Für 4 Personen:

- 700 g Hähnchenbrustfilet
- 1 Stück Ingwer (ca. 2 cm)
- 120 ml Sojasauce
- 200 g trockene Mie-Nudeln
- Salz, Pfeffer
- 1 Bund Frühlingszwiebeln
- 4 Karotten
- 1 Chinakohl (ca. 600 g)
- 1 rote Chilischote
- 2 EL geröstete Erdnüsse
- 6 EL Reisessig (ersatzweise 4 EL Weißweinessig)
- 75 ml Gemüsebrühe (1/4 TL Instantpulver)
- 1/2 TL Kurkuma
- 1/2 TL Kreuzkümmel
- 2 TL Rapsöl
- 2 EL Erdnusscreme
- 4 EL Magermilchjoghurt
- 1 TL gehackter Koriander

Fleisch & Geflügel

Fleisch & Geflügel

Hühner-Nudel-Suppe

 fertig in: 50 Minuten | davon aktiv: 25 Minuten
einfrieren
289 kcal | 1208 kJ

Suppengemüse waschen oder schälen und in Würfel oder Ringe schneiden. Spitzkohl putzen, vierteln, den Strunk entfernen und Spitzkohl in Streifen schneiden. Suppengemüse mit Gemüsebrühe aufkochen. Hähnchenbrustfilet abspülen, trocken tupfen und in Würfel schneiden.

Hähnchenbrustfiletwürfel und Spitzkohlstreifen zur Suppe geben und ca. 20 Minuten köcheln lassen. Nudeln nach Packungsanweisung in Salzwasser bissfest garen. Nudeln abgießen und unter die Hühner-Nudel-Suppe heben. Mit Salz, Pfeffer und Kümmel abschmecken und mit Kerbel bestreut servieren.

Für 4 Personen:

- 1 Bund Suppengemüse
- 1 Spitzkohl (ca. 800 g)
- 1,5 Liter Gemüsebrühe (1 1/2 EL Instantpulver)
- 500 g Hähnchenbrustfilet
- 200 g trockene Vollkornnudeln
- Salz, Pfeffer
- 2 Prisen gemahlener Kümmel
- 1 EL gehackter Kerbel

Wenn du es gerne scharf magst, verfeinere die Suppe mit 1 Chilischote in feinen Ringen oder 1 Stück geriebenem Ingwer.

Lauwarmer Hähnchen-Nudel-Salat

 fertig in: 35 Minuten | davon aktiv: 30 Minuten
384 kcal | 1607 kJ

Nudeln nach Packungsanweisung in Salzwasser garen. Frühlingszwiebeln waschen, Karotten schälen. Frühlingszwiebeln in Ringe schneiden und Karotten raspeln. Hähnchenbrustfilet abspülen, trocken tupfen und in mundgerechte Stücke schneiden.

Öl in einer Pfanne auf hoher Stufe erhitzen, Filetstücke darin 2–3 Minuten rundherum braten und mit Salz und Pfeffer würzen. Karottenraspel zufügen und ca. 2 Minuten mitbraten. Frühlingszwiebelringe dazugeben, mit Sojasauce und Brühe ablöschen und 4–5 Minuten köcheln lassen.

Nudeln abgießen, ca. 5 Minuten abkühlen lassen und mit Fleisch-Gemüse-Mischung und Essig vermengen. Petersilie unterheben und mit Salz, Pfeffer und Chilipulver abschmecken. Hähnchen-Nudel-Salat lauwarm servieren.

Für 2 Personen:

- 90 g trockene Spiralnudeln
- Salz, Pfeffer
- 1 Bund Frühlingszwiebeln
- 5 Karotten
- 360 g Hähnchenbrustfilet
- 2 TL Rapsöl
- 3 EL Sojasauce
- 75 ml Gemüsebrühe (1/4 TL Instantpulver)
- 3 EL heller Balsamicoessig
- 2 EL gehackte Petersilie
- 1 Prise Chilipulver

Fleisch & Geflügel

Penne Arrabiata

 fertig in: 30 Minuten | davon aktiv: 15 Minuten
218 kcal | 911 kJ

Zwiebel schälen und fein würfeln. Chilischote waschen, entkernen und in feine Würfel schneiden. Knoblauch pressen.

Öl in einem Topf auf mittlerer bis hoher Stufe erhitzen und Schinkenwürfel darin ca. 2 Minuten knusprig anbraten. Zwiebel-, Chiliwürfel und Knoblauch zugeben und ca. 1 Minute andünsten. Tomatenmark einrühren und kurz anschwitzen.

Mit Tomaten und Brühe ablöschen, mit Oregano würzen und 10–15 Minuten köcheln lassen. Nudeln nach Packungsanweisung in Salzwasser garen. Sauce mit Balsamicoessig und Zucker verfeinern, mit Salz und Pfeffer abschmecken. Nudeln abgießen und Penne Arrabiata servieren.

Für 4 Personen:

- 1 Zwiebel
- 1 kleine rote Chilischote
- 1 Knoblauchzehe
- 2 TL Rapsöl
- 75 g magere Schinkenwürfel
- 2 EL Tomatenmark
- 500 g stückige Tomaten (Konserve)
- 100 ml Gemüsebrühe (1/2 TL Instantpulver)
- 1 TL gehackter Oregano
- 200 g trockene Penne
- 1 TL dunkler Balsamicoessig
- 1 Prise Zucker
- Salz, Pfeffer

Fleisch & Geflügel

Spiralnudeln mit Honig-Senf-Hähnchen und Bohnen

fertig in: 25 Minuten | davon aktiv: 20 Minuten
378 kcal | 1581 kJ

Schalotten schälen und fein würfeln. Hähnchenbrustfilet abspülen, trocken tupfen und in Würfel schneiden. Öl in einem Topf auf hoher Stufe erhitzen, Hähnchenwürfel darin ca. 2 Minuten rundherum anbraten, mit Salz und Pfeffer würzen und herausnehmen.

Bohnen in Salzwasser 10–15 Minuten garen. Nudeln nach Packungsanweisung in Salzwasser garen. Schalottenwürfel im Bratensatz ca. 3 Minuten glasig dünsten, mit Brühe ablöschen und aufkochen. Stärke mit Wasser anrühren, zugeben und weitere ca. 3 Minuten köcheln lassen. Senf und Honig unterrühren, mit Salz und Pfeffer abschmecken und mit Zitronensaft und Paprikapulver verfeinern.

Hähnchenwürfel zur Sauce geben und darin ca. 3 Minuten erwärmen. Nudeln und Bohnen abgießen, Bohnen mit Bohnenkraut verfeinern. Spiralnudeln mit Honig-Senf-Hähnchen und Bohnen servieren. Nach Wunsch mit gehackter glatter Petersilie garnieren.

Für 2 Personen:

- 2 Schalotten
- 250 g Hähnchenbrustfilet
- 2 TL Rapsöl
- Salz, Pfeffer
- 500 g grüne Bohnen (TK)
- 100 g trockene Spiralnudeln
- 400 ml Gemüsebrühe (2 TL Instantpulver)
- 1 EL Speisestärke
- 3 EL Wasser
- 3–4 EL mittelscharfer Senf
- 1 EL Honig
- 1 TL Zitronensaft
- 2 Prisen Paprikapulver
- 1 TL gehacktes Bohnenkraut

Pasta mit mediterranem Schweinefilet

fertig in: 45 Minuten | davon aktiv: 45 Minuten
laktosefrei
439 kcal | 1838 kJ

Knoblauch pressen. Zwiebel schälen und fein würfeln. Thymian und Rosmarin waschen und trocken schütteln. Schweinefilet trocken tupfen. Öl in einer großen Pfanne auf hoher Stufe erhitzen und Schweinefilet darin rundherum scharf anbraten. Rosmarin zugeben und auf kleiner bis mittlerer Stufe 15–20 Minuten braten.

Nudeln nach Packungsanweisung in Salzwasser garen. Zwiebelwürfel und Knoblauch mit Thymian in einem Topf auf mittlerer Stufe in Wasser glasig andünsten. Tomatenmark einrühren und kurz anschwitzen. Mit Tomaten ablöschen und aufkochen. Bohnen abspülen und abtropfen lassen. In die Tomatensauce geben und erhitzen.

Thymian aus den Bohnen entfernen. Bohnen mit Balsamicoessig verfeinern und mit Salz und Pfeffer abschmecken. Nudeln abgießen. Schweinefilet salzen, pfeffern, in Scheiben schneiden und mit Nudeln und Bohnen servieren.

Für 4 Personen:

- 1 Knoblauchzehe
- 1 rote Zwiebel
- 2 Zweige Thymian
- 2 Zweige Rosmarin
- 480 g Schweinefilet
- 2 TL Rapsöl
- 200 g trockene Rigatoni
- Salz, Pfeffer
- 3 EL Wasser
- 2 EL Tomatenmark
- 500 g stückige Tomaten (Konserve)
- 2 Dosen große weiße Bohnen (à 265 g Abtropfgewicht)
- 1 TL dunkler Balsamicoessig

Fleisch & Geflügel

Tortellini-Schnitzel-Eintopf

 fertig in: 55 Minuten | davon aktiv: 45 Minuten
458 kcal | 1919 kJ

Nudeln nach Packungsanweisung in Salzwasser bissfest garen. Zucchini waschen, längs halbieren und in Scheiben schneiden. Champignons trocken abreiben und vierteln. Zwiebel schälen und würfeln. Schweineschnitzel trocken tupfen und in Streifen schneiden.

Öl in einem Topf auf hoher Stufe erhitzen, Schweineschnitzelstreifen darin 3–5 Minuten rundherum anbraten, salzen, pfeffern und herausnehmen. Zucchinischeiben, Champignonviertel und Zwiebelwürfel im Bratensatz kurz anbraten. Mit Mehl bestäuben, unter Rühren mit Milch und Brühe ablöschen und ca. 8 Minuten köcheln lassen.

Tortellini abgießen und mit Schnitzelstreifen unterheben. Kurz erwärmen und Eintopf mit Salz, Pfeffer und Paprikapulver abschmecken. Tortellini-Schnitzel-Eintopf mit Parmesan bestreut servieren.

Für 4 Personen:

- 250 g trockene Tortellini mit Käse-Spinat-Füllung
- Salz, Pfeffer
- 700 g Zucchini
- 300 g braune Champignons
- 1 Zwiebel
- 480 g Schweineschnitzel
- 1 EL Rapsöl
- 1 EL Mehl
- 200 ml fettarme Milch
- 300 ml Gemüsebrühe (1 1/2 TL Instantpulver)
- 1/2 TL Paprikapulver
- 2 EL geriebener Parmesan

Nudeln mit Lamm-Wirsing-Sauce

 fertig in: 30 Minuten | davon aktiv: 25 Minuten
352 kcal | 1472 kJ

Wirsing putzen, vierteln, den Strunk entfernen und Wirsing in Streifen schneiden. Karotten schälen und würfeln. Lammfilet trocken tupfen und in Streifen schneiden.

Öl in einer Pfanne auf mittlerer bis hoher Stufe erhitzen und Lammfiletstreifen darin 3–5 Minuten rundherum braten. Salzen, pfeffern und herausnehmen. Karottenwürfel und Wirsingstreifen im Bratensatz ca. 5 Minuten braten. Mit Brühe ablöschen und mit Deckel ca. 20 Minuten garen.

Nudeln nach Packungsanweisung in Salzwasser garen. Sauce mit Frischkäse verfeinern, mit Kümmel, Salz und Pfeffer abschmecken. Lammfiletstreifen zugeben und in der Sauce erwärmen. Nudeln abgießen und mit Lamm-Wirsing-Sauce servieren. Nach Wunsch mit frischen Kräutern garnieren.

Für 4 Personen:

- 1 kleiner Wirsing (ca. 900 g)
- 2 Karotten
- 480 g Lammfilet
- 2 TL Rapsöl
- Salz, Pfeffer
- 250 ml Gemüsebrühe (1 TL Instantpulver)
- 200 g trockene Vollkorn-Spaghetti
- 100 g Frischkäse, bis 1 % Fett absolut
- 1 Prise gemahlener Kümmel

Fleisch & Geflügel

Fleisch & Geflügel

Glasnudelsalat mit Tatar

 fertig in: 20 Minuten | davon aktiv: 20 Minuten
283 kcal | 1183 kJ

Öl in einer Pfanne auf hoher Stufe erhitzen und Tatar darin krümelig anbraten. Mit Sambal Oelek und 2 EL Sojasauce würzen und zur Seite stellen. Nudeln nach Packungsanweisung zubereiten.

Karotten schälen und grob raspeln. Paprika waschen, entkernen und in Würfel schneiden. Mungobohnensprossen waschen und abtropfen lassen. Ingwer schälen und hacken. Chilischote waschen, entkernen und in Ringe schneiden. Limettenschale abreiben und Limette auspressen.

Für das Dressing Brühe, restliche Sojasauce, Ingwer, Chiliringe, Limettensaft und -schale verrühren und mit Salz und Pfeffer abschmecken. Glasnudeln abgießen, mit einer Schere kleiner schneiden und mit Tatar, Karottenraspeln, Paprikawürfeln, Mungobohnensprossen und Dressing vermischen. Glasnudelsalat nach Wunsch mit Koriander garniert servieren.

Für 2 Personen:

- 1 TL Rapsöl
- 150 g Tatar
- 1/2 TL Sambal Oelek
- 3 EL Sojasauce
- 100 g trockene Glasnudeln
- 2 Karotten
- 1 rote Paprika
- 100 g Mungobohnensprossen
- 1 Stück Ingwer (ca. 1 cm)
- 1 rote Chilischote
- 1 unbehandelte Limette
- 50 ml Gemüsebrühe (1/4 TL Instantpulver)
- Salz, Pfeffer

Fleisch & Geflügel

Hacklasagne mit Spinat

fertig in: 55 Minuten | davon aktiv: 30 Minuten
einfrieren
430 kcal | 1798 kJ

Zwiebel, Karotten und Sellerie schälen und in Würfel schneiden. Knoblauch pressen. Spinat waschen und trocken schleudern. Öl in einer Pfanne auf hoher Stufe erhitzen und Tatar mit der Hälfte der Zwiebelwürfel, Knoblauch, Karotten- und Selleriewürfeln anbraten. Tomaten zufügen und ca. 10 Minuten köcheln lassen. Mit Salz, Pfeffer und Kräutern würzen.

Margarine in einem Topf auf niedriger bis mittlerer Stufe schmelzen und restliche Zwiebelwürfel darin anschwitzen. Mit Mehl bestäuben, unter Rühren mit Brühe und Milch ablöschen, aufkochen und ca. 5 Minuten köcheln lassen. Béchamelsauce mit Salz und Pfeffer würzen.

Backofen auf 180° C (Gas: Stufe 2, Umluft: 160° C) vorheizen. Sauce, Lasagneblätter, Spinat und Hackmischung im Wechsel in eine Auflaufform (ca. 10 x 15 cm) schichten. Mit Käse bestreut im Backofen auf mittlerer Schiene ca. 25 Minuten garen und Hacklasagne servieren.

Für 2 Personen:

- 1 Zwiebel
- 2 Karotten
- 100 g Knollensellerie
- 1 kleine Knoblauchzehe
- 200 g Babyspinat
- 1 TL Rapsöl
- 100 g Tatar
- 250 g passierte Tomaten (Konserve)
- Salz, Pfeffer
- 1 TL italienische Kräuter
- 2 TL Halbfettmargarine
- 1 TL Mehl
- 100 ml Gemüsebrühe (1/2 TL Instantpulver)
- 100 ml fettarme Milch
- 6 trockene Lasagneblätter
- 60 g geriebener Gouda, 30 % Fett i. Tr.

Cannelloni mit Zitronen-Kalbfleisch-Füllung

 7 SmartPoints Wert

fertig in: 85 Minuten | davon aktiv: 30 Minuten
239 kcal | 998 kJ

Kalbfleisch trocken tupfen, Champignons trocken abreiben und 3 Schalotten schälen. Alles mit Knoblauch fein würfeln und mit 50 ml Brühe pürieren. Mit Salz, Pfeffer, Zitronenschale und Kräutern würzen. 1 EL Käse untermischen und Cannelloni damit füllen. In eine Auflaufform (ca. 20 x 30 cm) legen und mit restlicher Füllung bestreichen.

Backofen auf 180° C (Gas: Stufe 2, Umluft: 160° C) vorheizen. Spinat auftauen lassen. Restliche Schalotten schälen, in Streifen schneiden und mit Spinat in restlicher Brühe ca. 5 Minuten andünsten. Cremefine untermischen, salzen und pfeffern. Stärke mit 5 EL Wasser anrühren, unterrühren und aufkochen.

Cannelloni mit Sauce bedecken. Restlichen Hüttenkäse darauf verteilen, salzen, pfeffern. Cannelloni auf mittlerer Schiene 35–40 Minuten backen und servieren.

Für 4 Personen:

- 250 g mageres Kalbfleisch
- 500 g Champignons
- 5 Schalotten
- 2 Knoblauchzehen
- 300 ml Gemüsebrühe
- Salz, Pfeffer
- 1 Msp. Zitronenschale
- 2 TL gehackte Petersilie
- 1/2 TL getrockneter Thymian
- 200 g Hüttenkäse
- 12 trockene Cannelloni
- 400 g Blattspinat (TK)
- 3 EL Cremefine zum Kochen, 7% Fett
- 2 EL Speisestärke

Fleisch & Geflügel

Nudeln mit Hähnchen-Fenchel-Sauce

 fertig in: 40 Minuten | davon aktiv: 40 Minuten
353 kcal | 1475 kJ

Hähnchenbrustfilet abspülen, trocken tupfen und in Streifen schneiden. Zwiebeln schälen und würfeln. Fenchel waschen, halbieren, den Strunk entfernen und Fenchel in Streifen schneiden. Nudeln nach Packungsanweisung in Salzwasser garen.

Öl in einer Pfanne auf mittlerer Stufe erhitzen und Hähnchenbrustfiletstreifen darin 3–4 Minuten rundherum braten. Mit Salz und Pfeffer würzen. Fenchelstreifen und Zwiebelwürfel zugeben, mit Brühe ablöschen und mit Deckel ca. 6 Minuten dünsten.

Orangen schälen, filetieren und Saft dabei auffangen. Frischkäse in die Sauce rühren. Nudeln abgießen, mit Orangenfilets unter die Sauce heben und kurz ziehen lassen. Mit Orangensaft verfeinern, mit Salz und Pfeffer abschmecken und mit Chiliflocken bestreut servieren. Nach Wunsch mit Basilikumblättern garnieren.

Für 4 Personen:

- 400 g Hähnchenbrustfilet
- 2 rote Zwiebeln
- 3 Fenchelknollen
- 200 g trockene Tagliatelle
- Salz, Pfeffer
- 2 TL Rapsöl
- 150 ml Gemüsebrühe (1/2 TL Instantpulver)
- 2 Orangen
- 200 g Frischkäse, bis 1 % Fett absolut
- Chiliflocken

Spätzleauflauf mit Roastbeef

 fertig in: 50 Minuten | davon aktiv: 50 Minuten
457 kcal | 1915 kJ

Nudeln nach Packungsanweisung in Salzwasser garen. Zwiebel schälen und in Ringe schneiden. Roastbeef trocken tupfen und in Streifen schneiden. Champignons trocken abreiben, Gewürzgurken abtropfen lassen und beides in Scheiben schneiden. Nudeln abgießen und in eine Auflaufform (ca. 20 x 30 cm) geben.

Backofen auf 180° C (Gas: Stufe 2, Umluft: 160° C) vorheizen. Öl in einer Pfanne auf mittlerer bis hoher Stufe erhitzen, Roastbeefstreifen darin rundherum anbraten und herausnehmen. Zwiebelringe und Champignonscheiben im Bratensatz anbraten, mit Mehl bestäuben, kurz anschwitzen, mit Rinderfond ablöschen und aufkochen.

Crème légère, Roastbeefstreifen und Gewürzgurkenscheiben unterheben und mit Salz, Pfeffer und 2 TL Senf würzen. Petersilie unterrühren. Sauce über die Spätzle gießen, mit Käse bestreuen und im Backofen auf mittlerer Schiene ca. 15 Minuten überbacken.

Für den Salat Gurke waschen und in Scheiben hobeln. Für das Dressing Joghurt mit Orangensaft, restlichem Senf, Zitronensaft und Dill verrühren, kräftig salzen und pfeffern. Gurkenscheiben mit Dressing mischen und mit Spätzleauflauf servieren.

Für 4 Personen:

- 200 g trockene Spätzle
- Salz, Pfeffer
- 1 Zwiebel
- 300 g Roastbeef
- 500 g braune Champignons
- 4 Gewürzgurken
- 1 TL Rapsöl
- 4 EL Mehl
- 400 ml Rinderfond (ersatzweise Gemüsebrühe)
- 3 EL Crème légère
- 4 TL Senf
- 2 EL gehackte Petersilie
- 80 g geriebener Käse, 30 % Fett i. Tr.
- 1 Salatgurke
- 150 g Magermilchjoghurt
- 2 EL Orangensaft
- 1 TL Zitronensaft
- 2 TL gehackter Dill

Fleisch & Geflügel

Fleisch & Geflügel

Nudeln mit Karotten-Schinken-Sauce

 fertig in: 30 Minuten | davon aktiv: 25 Minuten
laktosefrei
307 kcal | 1286 kJ

Schinken in Würfel schneiden. Zwiebel und Karotten schälen, Zwiebel würfeln und Karotten raspeln. Tomaten waschen und würfeln. Nudeln nach Packungsanweisung in Salzwasser garen.

Öl in einem Topf auf mittlerer bis hoher Stufe erhitzen und Karottenraspel mit Schinken- und Zwiebelwürfeln darin ca. 2 Minuten anbraten. Mit stückigen Tomaten ablöschen, Tomatenwürfel untermischen und ca. 10 Minuten köcheln lassen.

Karotten-Schinken-Sauce mit Basilikum verfeinern und mit Salz, Pfeffer, Kurkuma und Muskatnuss würzen. Nudeln abgießen, unter die Sauce heben und servieren.

Für 4 Personen:
- 100 g gekochter Schinken
- 1 Zwiebel
- 5 Karotten
- 3 Tomaten
- 280 g trockene Vollkorn-Tagliatelle
- Salz, bunter Pfeffer
- 4 TL Rapsöl
- 500 g stückige Tomaten (Konserve)
- 1 EL gehacktes Basilikum
- 1/2 TL Kurkuma
- 1 Prise geriebene Muskatnuss

Würstchengulasch mit Nudeln

 fertig in: 25 Minuten | davon aktiv: 25 Minuten
323 kcal | 1351 kJ

Würstchen in Scheiben schneiden. Zwiebel schälen und würfeln. Champignons trocken abreiben und vierteln. Nudeln nach Packungsanweisung in Salzwasser garen.

Öl in einem Topf auf mittlerer Stufe erhitzen und Zwiebelwürfel darin andünsten. Würstchenscheiben und Champignonviertel zufügen und ca. 3 Minuten anbraten. Mit Tomaten ablöschen, aufkochen und ca. 5 Minuten köcheln lassen.

Würstchengulasch mit Salz, Pfeffer und Paprikapulver würzen. Nudeln abgießen, untermischen und Würstchengulasch servieren.

Für 2 Personen:

- 2 fettreduzierte Wiener Würstchen
- 1 Zwiebel
- 200 g braune Champignons
- 120 g trockene Spiralnudeln
- Salz, Pfeffer
- 2 TL Rapsöl
- 400 g passierte Tomaten (Konserve)
- 1/2 TL Paprikapulver

Fleisch & Geflügel

Fleisch & Geflügel

Nudel-Lauch-Auflauf mit Hack

fertig in: 50 Minuten | davon aktiv: 20 Minuten
einfrieren
412 kcal | 1725 kJ

Nudeln in Salzwasser ca. 6 Minuten vorgaren. Lauch waschen und in Ringe schneiden. Knoblauch pressen. Für die Béchamelsauce Schmelzkäse in Brühe und Milch schmelzen und mit Salz, Pfeffer und Paprikapulver würzen. Backofen auf 200° C (Gas: Stufe 3, Umluft: 180° C) vorheizen.

Öl in einer Pfanne auf mittlerer bis hoher Stufe erhitzen, Tatar mit Knoblauch und Lauchringen darin krümelig anbraten. Nudeln abgießen und zusammen mit Tatar, Lauchringen und Béchamelsauce in einer Auflaufform (ca. 30 x 20 cm) mischen. Mit Salz und Pfeffer würzen und im Backofen auf mittlerer Schiene ca. 30 Minuten backen. Nudel-Lauch-Auflauf mit Petersilie bestreut servieren.

Für 2 Personen:

- 60 g trockene Farfalle
- Salz, Pfeffer
- 2 Stangen Lauch
- 1 Knoblauchzehe
- 100 g Schmelzkäse, 20 % Fett i. Tr.
- 200 ml Gemüsebrühe (1 TL Instantpulver)
- 100 ml fettarme Milch
- 1/4 TL Paprikapulver
- 2 TL Rapsöl
- 250 g Tatar
- 2 TL gehackte Petersilie

Spaghetti Bolognese

fertig in: 40 Minuten | davon aktiv: 30 Minuten
369 kcal | 1543 kJ

Karotten und Zwiebel schälen. Sellerie waschen und mit Karotten und Zwiebel in kleine Würfel schneiden. Öl in einer Pfanne auf hoher Stufe erhitzen und Tatar darin krümelig anbraten. Sellerie-, Zwiebel- und Karottenwürfel zufügen und 2–3 Minuten mitbraten.

Tomatenmark dazugeben, kurz anschwitzen und mit Tomaten und Brühe ablöschen. Sauce mit Salz, Pfeffer und Zucker würzen. Oregano und Lorbeerblatt zufügen und 10–15 Minuten köcheln lassen. Nudeln nach Packungsanweisung in Salzwasser garen.

Lorbeerblatt aus der Sauce entfernen und Sauce mit Salz und Pfeffer abschmecken. Nudeln abgießen und mit Bolognese servieren.

Für 2 Personen:

- 2 Karotten
- 1 kleine Zwiebel
- 2 Stangen Staudensellerie
- 2 TL Olivenöl
- 200 g Tatar
- 1 EL Tomatenmark
- 400 g passierte Tomaten (Konserve)
- 100 ml Gemüsebrühe (1/2 TL Instantpulver)
- Salz, Pfeffer
- 1 Prise Zucker
- 1/2 TL gehackter Oregano
- 1 Lorbeerblatt
- 120 g trockene Spaghetti

Fleischlos genießen kannst du mit unserem leckeren Pastagericht vegetarische Spaghetti Bolognese.

Fleisch & Geflügel

Fleisch & Geflügel

Tagliatelle mit Zitronen-Parmesan-Sauce

 fertig in: 15 Minuten | davon aktiv: 15 Minuten
328 kcal | 1370 kJ

Nudeln nach Packungsanweisung in Salzwasser garen. Schinkenwürfel fettfrei in einer Pfanne auf mittlerer Stufe rösten. Eier mit Cremefine, Milch und Zitronenschale verquirlen.

Tagliatelle abgießen und zum Schinken geben. Parmesan und Eiermilch untermischen und unter Rühren stocken lassen. Mit Salz und Pfeffer abschmecken und Tagliatelle mit Zitronen-Parmesan-Sauce servieren.

Für 4 Personen:

- 250 g trockene grüne Tagliatelle
- Salz, Pfeffer
- 70 g magere Schinkenwürfel
- 2 Eier (Größe M)
- 4 EL Cremefine zum Kochen, 7 % Fett
- 250 ml fettarme Milch
- 1 TL abgeriebene unbehandelte Zitronenschale
- 4 EL geriebener Parmesan

Spaghetti mit Parmesanschnitzeln

 fertig in: 45 Minuten | davon aktiv: 40 Minuten
586 kcal | 2453 kJ

Zwiebel schälen und würfeln. Zwiebelwürfel in einem Topf in Wasser auf mittlerer Stufe ca. 3 Minuten dünsten. Tomatenmark dazugeben und mit Tomaten ablöschen. Mit Salz, Pfeffer und italienischen Kräutern würzen, mit Cremefine verfeinern und ca. 10 Minuten köcheln lassen. Nudeln nach Packungsanweisung in Salzwasser garen.

Schnitzel abspülen und trocken tupfen. Für die Panade Paniermehl und Parmesan in einem tiefen Teller vermischen. Ei in einem weiteren tiefen Teller verquirlen und Mehl auf einen dritten Teller geben. Schnitzel nacheinander in Mehl, dann in Ei und dann in Parmesanmischung wenden.

Öl in einer Pfanne auf mittlerer bis hoher Stufe erhitzen und Schnitzel darin 3–5 Minuten von jeder Seite braten. Nudeln abgießen und unter die Sauce heben. Spaghetti mit Parmesanschnitzeln servieren.

Für 2 Personen:

- 1 Zwiebel
- 1 EL Wasser
- 1 TL Tomatenmark
- 500 g passierte Tomaten (Konserve)
- Salz, Pfeffer
- 2 TL italienische Kräuter
- 3 EL Cremefine zum Kochen, 15 % Fett
- 100 g trockene Spaghetti
- 2 Hähnchenschnitzel (à 120 g)
- 1 EL Paniermehl
- 2 EL geriebener Parmesan
- 1 Ei (Größe M)
- 1 EL Mehl
- 2 TL Rapsöl

Fleisch & Geflügel

Nudel-Gemüse-Pfanne mit Filet

fertig in: 2 Stunden 10 Minuten | davon aktiv: 35 Minuten
laktosefrei
352 kcal | 1473 kJ

Backofen auf 80° C (Gas und Umluft nicht empfehlenswert) vorheizen und eine Auflaufform (ca. 20 x 30 cm) darin vorwärmen. Filet trocken tupfen. 2 TL Öl in einer Pfanne auf mittlerer bis hoher Stufe erhitzen, Filet darin ca. 3 Minuten von allen Seiten anbraten, salzen, pfeffern. In die Auflaufform geben und im Backofen auf mittlerer Schiene ca. 2 Stunden garen.

Pak Choi waschen, trocken schleudern und klein schneiden. Paprika waschen, entkernen und würfeln. Pilze trocken abreiben und in Scheiben schneiden. Zwiebeln schälen und würfeln. Chili waschen, entkernen und hacken. Nudeln nach Packungsanweisung garen.

Restliches Öl in einer Pfanne auf mittlere Stufe erhitzen und Zwiebel-, Paprikawürfel und Pilzscheiben ca. 7 Minuten braten. Pak Choi und Chili zugeben, kurz mitbraten und mit Sojasauce ablöschen. Nudeln abgießen und unter das Gemüse heben. Filet herausnehmen, in Scheiben schneiden und mit Nudel-Gemüse-Pfanne servieren.

Für 4 Personen:

- 500 g Schweinefilet
- 4 TL Rapsöl
- Salz, Pfeffer
- 400 g Pak Choi (ersatzweise Mangold)
- je 1 rote, gelbe und grüne Paprika
- 250 g Shiitakepilze
- 2 Zwiebeln
- 1 rote Chilischote
- 200 g trockene Mie-Nudeln
- 2 EL Sojasauce

Spätzle-Leberkäse-Pfanne mit grünen Bohnen

 fertig in: 25 Minuten | davon aktiv: 20 Minuten
403 kcal | 1689 kJ

Leberkäse würfeln. Zwiebel schälen und in Ringe schneiden. Öl in einer Pfanne auf mittlerer bis hoher Stufe erhitzen, Leberkäsewürfel und Zwiebelringe darin 3–4 Minuten rundherum anbraten und herausnehmen. Bohnen im Bratensatz kurz andünsten, mit Brühe ablöschen, mit Bohnenkraut würzen und ca. 8 Minuten garen.

Bohnen mit Schmand, Senf und Majoran verfeinern. Leberkäsewürfel, Zwiebelringe und Spätzle in der Sauce ca. 2 Minuten erwärmen. Spätzle-Leberkäse-Pfanne mit Salz und Pfeffer abschmecken und servieren.

Für 2 Personen:

- 1 Scheibe Leberkäse (130 g)
- 1 rote Zwiebel
- 1 TL Rapsöl
- 500 g grüne Bohnen (TK)
- 300 ml Gemüsebrühe (1 1/2 TL Instantpulver)
- 1/2 TL gehacktes Bohnenkraut
- 1 EL Schmand
- 1 TL süßer Senf
- 2 TL gehackter Majoran
- 250 g Spätzle (Frischprodukt)
- Salz, Pfeffer

Spinatlasagne mit Putenbrust

 fertig in: 60 Minuten | davon aktiv: 20 Minuten
393 kcal | 1641 kJ

Zwiebel schälen und würfeln. Petersilie und Oregano waschen, trocken schütteln und hacken. Spinat waschen und trocken schleudern. Putenbrustfilet abspülen, trocken tupfen und würfeln. Backofen auf 180° C (Gas: Stufe 2, Umluft: 160° C) vorheizen.

Öl in einer Pfanne auf mittlerer bis hoher Stufe erhitzen, Putenbrust- und Zwiebelwürfel darin 2–3 Minuten rundherum anbraten. Mit 400 ml Brühe und Milch ablöschen und aufkochen. Spinat dazugeben und zusammenfallen lassen. 2 EL Kochkäse darin verrühren, mit Oregano und 2/3 der Petersilie verfeinern und mit Salz und Pfeffer abschmecken.

Etwas Puten-Spinat-Sauce in eine Auflaufform (ca. 25 x 30 cm) geben und 3 Lasagneblätter darauf verteilen. Vorgang dreimal wiederholen und mit der Sauce abschließen. Restlichen Kochkäse mit restlicher Brühe pürieren, mit Haferflocken und Ei verrühren und mit Salz und Pfeffer würzen. Haferflockenmasse auf der Lasagne verteilen und im Backofen auf mittlerer Schiene ca. 40 Minuten backen. Spinatlasagne mit restlicher Petersilie bestreut servieren.

Für 4 Personen:

- 1 Zwiebel
- 1/2 Bund Petersilie
- 3 Stängel Oregano
- 1 kg Blattspinat
- 300 g Putenbrustfilet
- 2 TL Rapsöl
- 500 ml Gemüsebrühe (2 TL Instantpulver)
- 250 ml entrahmte Milch
- 6 EL Kochkäse, 10 % Fett i. Tr.
- Salz, Pfeffer
- 12 trockene Lasagneblätter
- 3 EL Haferflocken
- 1 Ei (Größe M)

Keine Zeit zum Kochen? Dann ist unsere Lasagne Bolognese genau das Richtige für dich.

Fleisch & Geflügel

Fleisch & Geflügel

Rindfleischtopf mit Nudeln

 fertig in: 1 Stunde 40 Minuten | davon aktiv: 30 Minuten
einfrieren
333 kcal | 1393 kJ

Beinscheibe abspülen und trocken tupfen. Brühe in einem Topf aufkochen, Beinscheibe zugeben und auf kleiner bis mittlerer Stufe ca. 70 Minuten garen.

Zwiebel schälen und würfeln. Aubergine, Zucchini und Tomaten waschen und in Würfel schneiden. Mais abgießen. Nudeln nach Packungsanweisung in Salzwasser garen.

Öl in einem Topf auf mittlerer Stufe erhitzen und Zwiebel-, Auberginen- und Zucchiniwürfel darin ca. 5 Minuten anbraten. Rinderbeinscheibe abgießen und dabei die Brühe auffangen. Gemüse damit ablöschen und ca. 10 Minuten köcheln lassen. Rindfleisch vom Knochen lösen und würfeln. Nudeln abgießen, mit Rindfleisch, Tomatenwürfeln und Mais zum Gemüse geben und weitere ca. 5 Minuten garen.

Basilikum waschen, trocken schütteln und hacken. Suppe mit gehacktem Basilikum verfeinern, mit Salz und Pfeffer abschmecken. Rindfleischtopf mit Nudeln servieren.

Für 4 Personen:

- 400 g Rinderbeinscheibe
- 800 ml Rinderbrühe (3 1/2 TL Instantpulver)
- 1 Zwiebel
- 1 Aubergine (ca. 300 g)
- 2 Zucchini (ca. 300 g)
- 400 g Tomaten
- 1 Dose Mais (140 g Abtropfgewicht)
- 160 g trockene Penne
- Salz, Pfeffer
- 2 TL Rapsöl
- 1/2 Bund Basilikum

Fisch & Meeresfrüchte

Spaghetti mit scharfer Thunfisch-Paprika-Sauce

fertig in: 25 Minuten | davon aktiv: 15 Minuten
549 kcal | 2295 kJ

Zwiebel schälen und würfeln. Chilischote waschen, entkernen und in Ringe schneiden. Paprika waschen, entkernen und würfeln. Kapern hacken. Thunfisch abtropfen lassen. Basilikum waschen, trocken schütteln und hacken.

Öl in einer Pfanne auf mittlerer Stufe erhitzen, Zwiebelwürfel und Chiliringe darin 2–3 Minuten anbraten. Tomatenmark, Paprikawürfel und Kapern dazugeben und kurz mitbraten. Mit Tomaten und Brühe ablöschen, Thunfisch unterrühren und 10–12 Minuten köcheln lassen.

Nudeln nach Packungsanweisung in Salzwasser garen. Sauce mit Paprikapulver würzen, mit Basilikum verfeinern und mit Salz und Pfeffer abschmecken. Nudeln abgießen und mit Thunfisch-Paprika-Sauce servieren.

Für 1 Person:

- 1 kleine Zwiebel
- 1/2 rote Chilischote
- 1 gelbe Paprika
- 1 TL Kapern
- 1 Dose Thunfisch im eigenen Saft (150 g Abtropfgewicht)
- 2 Stängel Basilikum
- 1 TL Olivenöl
- 1 EL Tomatenmark
- 150 g passierte Tomaten (Konserve)
- 100 ml Gemüsebrühe (1/2 TL Instantpulver)
- 60 g trockene Spaghetti
- Salz, Pfeffer
- 1 TL Paprikapulver

Fisch & Meeresfrüchte

Fisch & Meeresfrüchte

Nudel-Gemüse-Pfanne mit Garnelen

fertig in: 25 Minuten | davon aktiv: 25 Minuten
laktosefrei
346 kcal | 1447 kJ

Peperoni, Zucchini, Tomaten und Rucola waschen. Rucola trocken schleudern. Zwiebel schälen und mit Zucchini und Tomaten würfeln. Peperoni entkernen und in Ringe schneiden. Garnelen abspülen und trocken tupfen. Nudeln nach Packungsanweisung in Salzwasser garen.

Öl in einer Pfanne auf mittlerer Stufe erhitzen, Knoblauch dazupressen, mit Zwiebel-, Zucchiniwürfeln und Peperoniringen darin 2–3 Minuten anbraten, salzen und pfeffern. Tomatenwürfel, Garnelen, Thymian, Oregano und Essig dazugeben und 3–5 Minuten köcheln lassen. Nudeln abgießen und mit Rucola unterheben. Mit Salz und Pfeffer abschmecken und Nudel-Gemüse-Pfanne servieren.

Für 2 Personen:

- 2 grüne Peperoni
- 2 Zucchini
- 5 Tomaten
- 60 g Rucola
- 1 Zwiebel
- 250 g küchenfertige Garnelen
- 120 g trockene Penne
- Salz, Pfeffer
- 1 TL Olivenöl
- 1 Knoblauchzehe
- 1 TL gehackter Thymian
- 1 TL gehackter Oregano
- 1 TL dunkler Balsamicoessig

Pasta mit Gurke und Forelle

fertig in: 25 Minuten | davon aktiv: 20 Minuten
287 kcal | 1200 kJ

Knoblauch hacken. Frühlingszwiebeln waschen und in Ringe schneiden. Tomaten waschen und halbieren. Zitrone auspressen, Gurke schälen und mit einem Sparschäler in lange Streifen schneiden. Forellenfilets in Stücke schneiden. Kräuter waschen, trocken schütteln und hacken. Nudeln nach Packungsanweisung in Salzwasser garen.

Öl in einer Pfanne auf mittlerer Stufe erhitzen, Frühlingszwiebelringe mit Knoblauch darin 2–3 Minuten andünsten und mit Brühe ablöschen. Tomatenhälften und Gurkenstreifen dazugeben, erwärmen, salzen, pfeffern. Nudeln abgießen. Sauce mit Kräutern verfeinern und zu den Nudeln geben. Forellenfiletstücke unterheben, Pasta mit Zitronensaft beträufeln und sofort servieren.

Für 2 Personen:

- 1 Knoblauchzehe
- 1/2 Bund Frühlingszwiebeln
- 100 g Cocktailtomaten
- 1 Zitrone
- 1/2 Salatgurke
- 125 g geräucherte Forellenfilets
- 1 Zweig Thymian
- 1 Zweig Rosmarin
- 100 g trockene Tagliatelle
- Salz, Pfeffer
- 2 TL Olivenöl
- 3–4 EL Gemüsebrühe (2 Prisen Instantpulver)

Spaghetti mit Venusmuscheln

fertig in: 45 Minuten | davon aktiv: 40 Minuten
laktosefrei
293 kcal | 1223 kJ

Muscheln unter fließendem Wasser gründlich reinigen und offene Muscheln entsorgen. Karotten schälen und in feine Streifen schneiden. Sellerie, Chili und Frühlingszwiebeln waschen, Chili entkernen. Sellerie in feine Scheiben, Chili und Frühlingszwiebeln in feine Ringe schneiden. Nudeln nach Packungsanweisung in Salzwasser garen.

Öl in einer Pfanne auf mittlerer Stufe erhitzen, Knoblauch dazupressen und mit Karottenstreifen, Selleriescheiben, Frühlingszwiebel- und Chiliringen 2–3 Minuten anbraten. Muscheln zugeben, mit Fischfond ablöschen und mit Deckel ca. 5 Minuten garen, bis die Muscheln geöffnet sind. Nicht geöffnete Muscheln entsorgen. Mit Salz, Pfeffer, Petersilie, Ingwer und Zitronensaft würzen. Nudeln abgießen, unterheben und servieren.

Für 2 Personen:

- 400 g Venusmuscheln mit Schale (160 g ausgelöst)
- 2 Karotten
- 200 g Staudensellerie
- 1 rote Chilischote
- 2 Frühlingszwiebeln
- 120 g trockene Spaghetti
- Salz, Pfeffer
- 1 TL Olivenöl
- 1 Knoblauchzehe
- 150 ml Fischfond
- 1 EL gehackte Petersilie
- 1 Msp. gemahlener Ingwer
- einige Tropfen Zitronensaft

Fisch & Meeresfrüchte

Fisch & Meeresfrüchte

Nudel-Thunfisch-Pfanne

 fertig in: 30 Minuten | davon aktiv: 25 Minuten
410 kcal | 1716 kJ

Nudeln nach Packungsanweisung in Salzwasser garen. Erbsen ca. 5 Minuten vor Ende der Garzeit zufügen und mitgaren. Tomaten ca. 10 Minuten in Brühe einweichen. Zwiebel schälen und in Würfel schneiden. Artischocken und Thunfisch abtropfen lassen, Artischocken vierteln.

Zwiebelwürfel in einer Pfanne in Wasser auf mittlerer Stufe ca. 2 Minuten anbraten. Artischockenviertel zugeben und ca. 2 Minuten mitbraten. Tomaten abtropfen lassen, dabei die Brühe auffangen und Tomaten in Streifen schneiden. Nudeln und Erbsen abgießen.

Nudeln und Erbsen mit Tomatenstreifen und Thunfisch zu den Artischocken geben. Mit Tomatenbrühe ablöschen und aufkochen. Mit Frischkäse verfeinern. Basilikum waschen, trocken schütteln und einige Blätter hacken. Nudel-Thunfisch-Pfanne mit gehacktem Basilikum würzen, mit Salz und Pfeffer abschmecken und mit restlichem Basilikum bestreut servieren.

Für 4 Personen:

- 300 g trockene Penne
- Salz, Pfeffer
- 100 g Erbsen (TK)
- 4 getrocknete Tomaten ohne Öl
- 150 ml heiße Gemüsebrühe (1/2 TL Instantpulver)
- 1 rote Zwiebel
- 1 Dose Artischockenherzen in Lake (210 g Abtropfgewicht)
- 1 Dose Thunfisch im eigenen Saft (150 g Abtropfgewicht)
- 3 EL Wasser
- 200 g Frischkäse, bis 1 % Fett absolut
- 1 Bund Basilikum

Nach Wunsch kannst du die Nudel-Thunfisch-Pfanne mit Kapern und Rucola garnieren.

Bandnudeln mit Garnelensauce

 fertig in: 40 Minuten | davon aktiv: 20 Minuten
384 kcal | 1605 kJ

Für die Marinade Knoblauch pressen und mit Wasser, 3 TL Öl und 1/2 TL Salz verrühren. Garnelen abspülen und trocken tupfen. Marinade und Garnelen in einen Gefrierbeutel geben, vorsichtig vermischen und im Kühlschrank 10 Minuten marinieren. Radieschen und Frühlingszwiebeln waschen, Frühlingszwiebeln in Ringe schneiden und Radieschen in Scheiben hobeln. Nudeln nach Packungsanweisung in Salzwasser garen.

Pfanne auf mittlerer bis hoher Stufe erhitzen und Garnelen samt Marinade darin 2–3 Minuten rundherum anbraten. 2/3 der Frühlingszwiebelringe dazugeben, kurz andünsten, mit Tomaten ablöschen und ca. 5 Minuten köcheln lassen. Für das Dressing Kräuter mit Essig, Honig, Brühe und restlichem Öl pürieren und mit Salz, Pfeffer und 1/2 TL Paprikapulver würzen.

Dressing mit Radieschenscheiben vermischen. Nudeln abgießen und unter die Garnelensauce heben. Mit restlichem Paprikapulver und Zimt verfeinern, mit Salz und Pfeffer abschmecken. Bandnudeln mit Garnelensauce mit restlichen Frühlingszwiebelringen bestreuen und mit Radieschensalat servieren.

Für 4 Personen:

- 1 Knoblauchzehe
- 1 EL Wasser
- 4 TL Olivenöl
- Salz, Pfeffer
- 400 g küchenfertige Garnelen
- 3 Bund Radieschen
- 1 Bund Frühlingszwiebeln
- 280 g trockene Tagliatelle
- 600 g stückige Tomaten (Konserve)
- 2 EL gemischte gehackte Kräuter
- 3 EL Kräuteressig
- 1 TL Honig
- 75 ml Gemüsebrühe (1/4 TL Instantpulver)
- 1 TL Paprikapulver
- 1 Prise Zimt

Fisch & Meeresfrüchte

Fisch & Meeresfrüchte

Stremellachs mit Pestonudeln

 fertig in: 35 Minuten | davon aktiv: 30 Minuten
311 kcal | 1301 kJ

Fenchel waschen, halbieren, den Strunk entfernen und Fenchel in feine Streifen schneiden. Fenchelgrün hacken und beiseitestellen. Pesto mit Essig und 3 EL Brühe verrühren.

Für den Salat Salatherz waschen, trocken schleudern und in mundgerechte Stücke zerteilen. Schalotte schälen und in Ringe schneiden. Für das Dressing Orangensaft mit restlicher Brühe, Fenchelgrün und Senf verrühren und mit Salz und Pfeffer würzen.

Nudeln nach Packungsanweisung in Salzwasser garen. Pfanne auf mittlerer Stufe erhitzen und Fenchelstreifen darin mit Wasser kurz andünsten. Erbsen dazugeben und mit Deckel 5–10 Minuten garen. Nudeln abgießen und mit Pestosauce zum Fenchel-Erbsen-Gemüse geben.

Stremellachs in Stücke schneiden und kurz auf den Pestonudeln erwärmen. Salat mit Dressing beträufeln. Stremellachs mit Pestonudeln und Salat servieren.

Für 2 Personen:

- 2 Fenchelknollen
- 1 EL Pesto verde
- 1 EL heller Balsamicoessig
- 6 EL Gemüsebrühe (2 Prisen Instantpulver)
- 1 Salatherz
- 1 Schalotte
- 2 EL Orangensaft
- 1 TL Senf
- Salz, Pfeffer
- 80 g trockene Farfalle
- 2 EL Wasser
- 100 g Erbsen (TK)
- 200 g Stremellachs (ersatzweise Räucherlachs)

Glasnudelsuppe mit Garnelen

 fertig in: 35 Minuten | davon aktiv: 25 Minuten
127 kcal | 532 kJ

Zuckererbsenschoten und Frühlingszwiebeln waschen. Zuckererbsenschoten in Streifen, Frühlingszwiebeln in Ringe schneiden. Mungobohnensprossen waschen und abtropfen lassen. Brühe auf mittlerer Stufe aufkochen. Ingwer schälen, hacken, mit Zuckererbsenschotenstreifen und Frühlingszwiebelringen zur Brühe geben und ca. 3 Minuten köcheln lassen.

Nudeln in die Suppe geben und auf kleiner Stufe weitere ca. 10 Minuten garen. Garnelen abspülen, trocken tupfen, mit Mungobohnensprossen zur Suppe geben und weitere ca. 5 Minuten garen. Suppe mit Salz, Pfeffer und Fischsauce abschmecken. Mit Koriander bestreuen und Glasnudelsuppe servieren.

Für 4 Personen:

- 500 g Zuckererbsenschoten
- 1 Bund Frühlingszwiebeln
- 100 g Mungobohnensprossen
- 1 Liter Gemüsebrühe (1 EL Instantpulver)
- 1 Stück Ingwer (ca. 2–3 cm)
- 80 g trockene Glasnudeln
- 250 g küchenfertige Garnelen
- Salz, Pfeffer
- 1 EL Fischsauce (ersatzweise Sojasauce)
- 2 TL gehackter Koriander

Fisch & Meeresfrüchte

Meeresfrüchte auf Bandnudeln

fertig in: 30 Minuten | davon aktiv: 25 Minuten
384 kcal | 1607 kJ

Nudeln nach Packungsanweisung in Salzwasser garen. Zwiebel schälen und würfeln. Zucchini waschen, längs halbieren und in Scheiben schneiden. Meeresfrüchte abspülen und trocken tupfen.

Öl in einer Pfanne auf mittlerer Stufe erhitzen, Knoblauch dazupressen und Zwiebelwürfel darin kurz andünsten. Zucchini hinzugeben und ca. 5 Minuten braten. Mit Brühe und Cremefine ablöschen, mit Zitronensaft und Salbei verfeinern.

Meeresfrüchte zugeben, ca. 5 Minuten garen, salzen und pfeffern. Nudeln abgießen, mit Meeresfrüchtesauce und nach Wunsch mit Petersilie garniert servieren.

Für 2 Personen:

- 120 g trockene Tagliatelle
- Salz, Pfeffer
- 1 Zwiebel
- je 1 gelbe und grüne Zucchini
- 250 g Meeresfrüchte
- 1 TL Rapsöl
- 1 Knoblauchzehe
- 50 ml Gemüsebrühe
- 100 ml Cremefine zum Kochen, 7 % Fett
- 2 TL Zitronensaft
- 1 EL gehackter Salbei

Lachslinguine mit Lauch

fertig in: 35 Minuten | davon aktiv: 30 Minuten
400 kcal | 1671 kJ

Karotten schälen und fein raspeln. Joghurt mit Zitronensaft und Honig verrühren, salzen, pfeffern. Karottenraspel mit Dressing verrühren. Lauch waschen und in Ringe schneiden. Ingwer schälen und fein reiben. Nudeln nach Packungsanweisung in Salzwasser garen.

Öl in einer Pfanne auf mittlerer bis hoher Stufe erhitzen und Lauchringe mit Ingwer darin ca. 2 Minuten anbraten. Mit Brühe und Milch ablöschen, Saucenbinder einrühren und aufkochen. Mit Crème légère und Koriander verfeinern, mit Salz, Pfeffer und Kurkuma würzen.

Lachsfilet abspülen, trocken tupfen und würfeln. Lachswürfel ca. 5 Minuten in der Sauce gar ziehen lassen. Nudeln abgießen, mit Sauce mischen und mit Karottensalat servieren.

Für 2 Personen:

- 4 Karotten
- 125 g Magermilchjoghurt
- 2–3 EL Zitronensaft
- 1 TL Honig
- Salz, Pfeffer
- 2 Stangen Lauch
- 1 Stück Ingwer (ca. 2 cm)
- 100 g trockene Linguine
- 1 TL Olivenöl
- 200 ml Gemüsebrühe
- 150 ml entrahmte Milch
- 1 TL heller Saucenbinder
- 3 EL Crème légère
- 1/2 TL gehackter Koriander
- 1/2 TL Kurkuma
- 125 g Lachsfilet

Orecchiette mit Muschel-Spinat-Sauce

 fertig in: 25 Minuten | davon aktiv: 15 Minuten
299 kcal | 1250 kJ

Zwiebel und Karotten schälen und würfeln. Sellerie und Spinat waschen und Sellerie in Scheiben schneiden. Spinat trocken schleudern, TK-Spinat gegebenenfalls auftauen lassen.

Öl in einer Pfanne auf mittlerer Stufe erhitzen und Sellerieschreiben, Zwiebel- und Karottenwürfel darin ca. 2 Minuten anbraten. Mit Fischfond ablöschen, Lorbeerblatt zugeben und ca. 8 Minuten köcheln lassen. Nudeln nach Packungsanweisung in Salzwasser garen.

Muscheln abtropfen lassen. Lorbeerblatt aus der Sauce entfernen, Saucenbinder einrühren und aufkochen. Muscheln und Spinat unterheben und ca. 3 Minuten erhitzen. Mit Cremefine verfeinern und mit Salz, Pfeffer, Muskatnuss und Zitronensaft würzen. Nudeln abgießen, Muschel-Spinat-Sauce mit Petersilie bestreuen und dazu servieren.

Für 2 Personen:

- 1 kleine Zwiebel
- 2 Karotten
- 2 Stangen Staudensellerie
- 200 g Blattspinat (ersatzweise TK)
- 1 TL Olivenöl
- 200 ml Fischfond (ersatzweise Gemüsebrühe)
- 1 Lorbeerblatt
- 120 g trockene Orecchiette
- Salz, Pfeffer
- 100 g ausgelöste Miesmuscheln (Glas)
- 1 TL heller Saucenbinder
- 3 EL Cremefine zum Kochen, 15 % Fett
- 1 Prise geriebene Muskatnuss
- einige Tropfen Zitronensaft
- 1 TL gehackte Petersilie

Fisch & Meeresfrüchte

Fisch & Meeresfrüchte

Thunfisch-Nudel-Auflauf

fertig in: 35 Minuten | davon aktiv: 10 Minuten
einfrieren
480 kcal | 2007 kJ

Backofen auf 180° C (Gas: Stufe 2, Umluft: 160° C) vorheizen. Nudeln nach Packungsanweisung in Salzwasser garen. Thunfisch abtropfen lassen und mit Tomaten, Frischkäse, Kapern und Erbsen verrühren. Mit Salz, Pfeffer und Estragon würzen. Nudeln abgießen und unterheben.

Thunfisch-Nudel-Mischung in eine Auflaufform (ca. 20 x 20 cm) geben. Auflauf mit Käse bestreuen und im Backofen auf mittlerer Schiene ca. 25 Minuten garen. Thunfisch-Nudel-Auflauf servieren.

Für 2 Personen:

80 g trockene Penne
Salz, Pfeffer
1 Dose Thunfisch im eigenen
  Saft (150 g Abtropfgewicht)
400 g stückige Tomaten
  (Konserve)
100 g Frischkäse,
  bis 1 % Fett absolut
1 EL Kapern
200 g Erbsen (TK)
1 EL gehackter Estragon
3 EL geriebener Käse,
  30 % Fett i. Tr.

Mie-Nudeln mit Garnelen-Chili-Sauce

 fertig in: 35 Minuten | davon aktiv: 30 Minuten
435 kcal | 1820 kJ

Für den Salat Gurke waschen und in feine Scheiben hobeln. Ingwer schälen und fein reiben. Für das Dressing 100 ml Brühe mit 1 EL Limettensaft, Essig, Sambal Oelek, 1 EL Koriander, 1 Msp. Ingwer, Honig und 1 TL Öl verrühren. Gurkenscheiben mit Dressing mischen und mit Salz abschmecken.

Frühlingszwiebeln, Chilischote und Zitronengras waschen. Chilischote entkernen und mit Frühlingszwiebeln in Ringe schneiden. Zitronengras fein hacken. Garnelen abspülen und trocken tupfen.

Nudeln nach Packungsanweisung in Salzwasser garen. Restliches Öl in einer Pfanne auf mittlerer Stufe erhitzen und Frühlingszwiebelringe darin kurz anbraten. Garnelen, Zitronengras, restlichen Ingwer und Chiliringe dazugeben und 2–3 Minuten mitbraten. Mit Milch, Kokosmilch und restlicher Brühe ablöschen und aufkochen.

Restlichen Koriander unterrühren, mit Sojasauce und restlichem Limettensaft verfeinern und mit Salz abschmecken. Nudeln abgießen, mit Garnelen-Chili-Sauce vermischen, nach Wunsch mit Limettenspalte garnieren und mit Gurkensalat servieren.

Für 2 Personen:

- 1 Salatgurke
- 1 Stück Ingwer (ca. 2 cm)
- 150 ml Gemüsebrühe (1/2 TL Instantpulver)
- 2 EL Limettensaft
- 2 EL Reisessig (ersatzweise Weißweinessig)
- 1 TL Sambal Oelek
- 3 EL gehackter Koriander
- 1 TL Honig
- 2 TL Rapsöl
- Salz
- 2 Frühlingszwiebeln
- 1 grüne Chilischote
- 1 Stängel Zitronengras
- 250 g küchenfertige Garnelen
- 100 g trockene Mie-Nudeln
- 150 ml fettarme Milch
- 100 ml Kokosmilch light
- 1 TL Sojasauce

Fisch & Meeresfrüchte

Bandnudeln mit Orangensauce und Sesamlachs

fertig in: 45 Minuten | davon aktiv: 40 Minuten
407 kcal | 1703 kJ

Lachsfilets gegebenenfalls auftauen lassen. Kohlrabi schälen, in Würfel schneiden und in Salzwasser 10–12 Minuten garen. Nudeln nach Packungsanweisung in Salzwasser garen. 1 Orange schälen und filetieren, zweite Orange auspressen.

Lachsfilets abspülen, trocken tupfen und mit Salz und Pfeffer würzen. Sesam auf einen Teller geben und Lachsfilets darin wenden. Öl in einer Pfanne auf mittlerer Stufe erhitzen und Lachsfilets darin 3–4 Minuten von jeder Seite braten.

Lachsfilets aus der Pfanne nehmen und im Backofen bei 60° C warm stellen. Für die Sauce Bratensatz mit Orangensaft und Brühe ablöschen, Saucenbinder einrühren und kurz aufkochen. Mit Frischkäse verfeinern, Orangenfilets zugeben und mit Salz, Pfeffer und Thymian würzen. Bandnudeln und Kohlrabi abgießen, beides mit der Sauce vermengen und mit Sesamlachs servieren.

Für 2 Personen:

- 2 Lachsfilets
  (à 100 g, frisch oder TK)
- 500 g Kohlrabi
- Salz, Pfeffer
- 80 g trockene Linguine
- 2 Orangen
- 2 EL Sesam
- 1 TL Sesamöl
- 100 ml Gemüsebrühe
  (1/2 TL Instantpulver)
- 1 TL heller Saucenbinder
- 1 EL Frischkäse,
  bis 1 % Fett absolut
- 1/2 TL gehackter Thymian

Fusilli mit Lachs-Senf-Sauce

 fertig in: 30 Minuten | davon aktiv: 25 Minuten
393 kcal | 1641 kJ

Zwiebel schälen und würfeln. Gurke waschen, längs halbieren, Kerne mit einem Löffel entfernen und Gurke in Würfel schneiden.

Nudeln nach Packungsanweisung in Salzwasser garen. Öl in einer Pfanne auf mittlerer Stufe erhitzen und Zwiebel- und Gurkenwürfel darin ca. 5 Minuten andünsten. Mit Brühe und Milch ablöschen und ca. 5 Minuten garen.

Lachs in Streifen schneiden. Sauce mit Frischkäse, Honig und Dill verfeinern und mit Senf und Essig würzen. Lachsstreifen unterheben und erwärmen. Sauce mit Salz und Pfeffer abschmecken. Nudeln abgießen, unter die Lachs-Senf-Sauce heben und servieren.

Für 2 Personen:

- 1 Zwiebel
- 1 große Salatgurke
- 120 g trockene Spiralnudeln
- Salz, Pfeffer
- 1 TL Rapsöl
- 100 ml Gemüsebrühe (1/2 TL Instantpulver)
- 100 ml fettarme Milch
- 3 Scheiben Räucherlachs (à 50 g)
- 100 g Frischkäse, bis 1 % Fett absolut
- 1 TL Honig
- 1 EL gehackter Dill
- 2 EL körniger Senf
- 1 TL heller Balsamicoessig

Spaghetti mit Garnelen und Rucola

fertig in: 35 Minuten | davon aktiv: 30 Minuten
341 kcal | 1428 kJ

Zwiebel schälen und würfeln. Garnelen abspülen und trocken tupfen. Tomaten waschen und in Spalten schneiden. Rucola waschen, trocken schleudern und hacken. Nudeln nach Packungsanweisung in Salzwasser garen.

Öl in einer Pfanne auf mittlerer Stufe erhitzen, Knoblauch dazupressen und Zwiebelwürfel und Garnelen darin ca. 2 Minuten braten. Tomatenspalten zugeben und mit Salz und Pfeffer würzen. Parmesan unterrühren und ca. 5 Minuten köcheln lassen. Nudeln abgießen, mit Rucola unter die Sauce heben und servieren.

Für 4 Personen:
- 1 Zwiebel
- 200 g küchenfertige Garnelen
- 1,5 kg Tomaten
- 150 g Rucola
- 280 g trockene Spaghetti
- Salz, Pfeffer
- 2 TL Olivenöl
- 2 Knoblauchzehen
- 3 EL geriebener Parmesan

Lachs-Spinat-Auflauf mit Bandnudeln

fertig in: 55 Minuten | davon aktiv: 25 Minuten
392 kcal | 1639 kJ

Nudeln nach Packungsanweisung in Salzwasser garen. Zwiebel schälen und würfeln. Knoblauch pressen. Spinat, Zwiebelwürfel und Knoblauch mit Wasser in einem Topf mit Deckel ca. 10 Minuten garen. Backofen auf 200° C (Gas: Stufe 3, Umluft: 180° C) vorheizen.

Spinat mit Frischkäse verfeinern und mit Salz, Pfeffer und Muskatnuss würzen. Nudeln abgießen und unterheben. Lachsfilet abspülen, trocken tupfen, würfeln, mit Limettensaft beträufeln, salzen und pfeffern.

Spinatnudeln und Lachs in einer Auflaufform (ca. 20 x 25 cm) mischen. Tomate waschen, in Scheiben schneiden und auf dem Auflauf verteilen. Mit Käse bestreuen und auf mittlerer Schiene ca. 20 Minuten garen. Lachs-Spinat-Auflauf servieren.

Für 2 Personen:
- 80 g trockene Linguine
- Salz, Pfeffer
- 1 Zwiebel
- 1 Knoblauchzehe
- 500 g Blattspinat (TK)
- 2 EL Wasser
- 3 EL Frischkäse, bis 1 % Fett absolut
- 1 Prise geriebene Muskatnuss
- 200 g Lachsfilet
- 1 TL Limettensaft
- 1 Fleischtomate
- 3 EL geriebener Käse, 30 % Fett i. Tr.

Fisch & Meeresfrüchte

Fisch & Meeresfrüchte

Schneller Nudel-Thunfisch-Topf

 fertig in: 20 Minuten | davon aktiv: 10 Minuten
491 kcal | 2054 kJ

Zwiebeln schälen und würfeln. Öl in einem Topf auf mittlerer Stufe erhitzen und Zwiebelwürfel darin glasig dünsten. Mit Brühe ablöschen, Erbsen dazugeben und aufkochen. Nudeln in kleine Stücke brechen, dazugeben und mit Deckel ca. 12 Minuten garen, dabei gelegentlich umrühren. Broccoli nach ca. 6 Minuten unterheben und mitgaren.

Thunfisch abtropfen lassen, mit Frischkäse unter die Nudeln heben und erwärmen. Nudel-Thunfisch-Topf mit Zitronensaft verfeinern, mit Salz und Pfeffer abschmecken und nach Wunsch mit frischen Kräutern garniert servieren.

Für 4 Personen:

- 2 Zwiebeln
- 2 TL Rapsöl
- 1 Liter Gemüsebrühe (1 EL Instantpulver)
- 500 g Erbsen (TK)
- 220 g trockene Spaghetti
- 500 g Broccoli (TK)
- 2 Dosen Thunfisch im eigenen Saft (à 150 g Abtropfgewicht)
- 100 g Frischkäse, bis 1 % Fett absolut
- 1 TL Zitronensaft
- Salz, Pfeffer

Linguine mit Lachs-Spinat-Sauce

 fertig in: 30 Minuten | davon aktiv: 20 Minuten
390 kcal | 1632 kJ

Spinat auftauen lassen und ausdrücken. Zwiebel schälen und in Würfel schneiden. Knoblauch pressen. Zitronenhälfte auspressen. Lachsfilet abspülen, trocken tupfen und mit Salz, Pfeffer und 1/4 TL Zitronensaft würzen. Lachsfilet in Würfel schneiden. Nudeln nach Packungsanweisung in Salzwasser garen.

Öl in einem Topf auf mittlerer Stufe erhitzen und Zwiebelwürfel mit Knoblauch darin ca. 2 Minuten andünsten. Spinat hinzufügen, mit Brühe und Milch ablöschen und ca. 5 Minuten mit Deckel garen. Mit Salz, Pfeffer und Muskatnuss würzen.

Mehl mit Wasser anrühren, zur Sauce geben und ca. 3 Minuten köcheln lassen. Lachswürfel zur Sauce geben und weitere ca. 5 Minuten mit Deckel gar ziehen lassen. Lachs-Spinat-Sauce mit Salz, Pfeffer und restlichem Zitronensaft abschmecken. Nudeln abgießen, mit Lachs-Spinat-Sauce vermengen und mit Parmesan bestreut servieren.

Für 2 Personen:

- 400 g Blattspinat (TK)
- 1 Zwiebel
- 1 Knoblauchzehe
- 1/2 Zitrone
- 125 g Lachsfilet
- Salz, Pfeffer
- 100 g trockene Linguine
- 2 TL Olivenöl
- 100 ml Gemüsebrühe (1/2 TL Instantpulver)
- 1 EL fettarme Milch
- 2 Prisen geriebene Muskatnuss
- 1 TL Mehl
- 1 EL Wasser
- 3 EL geriebener Parmesan

Fisch & Meeresfrüchte

Fisch & Meeresfrüchte

Tagliatelle mit Spargel-Garnelen-Sauce

 fertig in: 40 Minuten | davon aktiv: 30 Minuten
342 kcal | 1428 kJ

Spargel waschen, das untere Drittel schälen und Spargel in Stücke schneiden. Chilischote waschen, entkernen und in Ringe schneiden. 1/2 TL Zitronenschale abreiben und 1/4 TL Zitronensaft auspressen. Garnelen abspülen und trocken tupfen.

Nudeln nach Packungsanweisung in Salzwasser garen. Garnelen mit Salz, Pfeffer und Zitronensaft würzen. Öl in einer Pfanne auf mittlerer bis hoher Stufe erhitzen und Garnelen darin ca. 2 Minuten anbraten. Spargelstücke zufügen und kurz mitbraten. Mit Chilischotenringen, Zitronenschale, Salz und Pfeffer würzen. Mit Brühe ablöschen und mit Deckel 5–7 Minuten garen.

Stärke mit Wasser anrühren und zur Sauce geben. Mit Frischkäse und Parmesan verfeinern und kurz aufkochen. Nudeln abgießen, unter die Spargel-Garnelen-Sauce heben und mit Basilikum bestreut servieren.

Für 2 Personen:

- 500 g grüner Spargel
- 1 kleine rote Chilischote
- 1/2 unbehandelte Zitrone
- 100 g küchenfertige Garnelen
- 120 g trockene Tagliatelle
- Salz, Pfeffer
- 1 TL Olivenöl
- 250 ml Gemüsebrühe (1 TL Instantpulver)
- 1 TL Speisestärke
- 1 EL Wasser
- 3 EL Frischkäse, bis 1 % Fett absolut
- 2 EL geriebener Parmesan
- 1 EL gehacktes Basilikum

Vegetarisch

Fruchtige Gemüse-Nudel-Pfanne

fertig in: 20 Minuten | davon aktiv: 15 Minuten
281 kcal | 1176 kJ

Nudeln nach Packungsanweisung in Salzwasser garen. Schalotten und Karotten schälen und würfeln. Mais abgießen.

Öl in einer Pfanne auf mittlerer Stufe erhitzen und Schalotten- und Karottenwürfel darin kurz anbraten. Mit Brühe ablöschen und mit Deckel ca. 10 Minuten dünsten. Orange schälen, filetieren und dabei den Saft auffangen.

Gemüse mit Frischkäse und Orangensaft verfeinern und kurz erhitzen. Nudeln abgießen und mit Petersilie und Orangenfilets unter das Gemüse heben. Gemüse-Nudel-Pfanne mit Salz und Pfeffer abschmecken und servieren.

Für 2 Personen:

- 100 g trockene Vollkorn-Penne
- Salz, Pfeffer
- 2 Schalotten
- 2 Karotten
- 1 Dose Mais (285 g Abtropfgewicht)
- 1 TL Rapsöl
- 75 ml Gemüsebrühe (1/4 TL Instantpulver)
- 1 Orange
- 3 EL Frischkäse, bis 1 % Fett absolut
- 1 EL gehackte Petersilie

Vegetarisch

111

Vegetarisch

Spinatravioli in Champignonsauce

 fertig in: 60 Minuten | davon aktiv: 45 Minuten
477 kcal | 1997 kJ

Spinat auftauen lassen. Grieß mit Eiern, Öl, 1 EL Wasser, Salz und Pfeffer zu einem glatten Teig verkneten und in Folie gewickelt ca. 30 Minuten ruhen lassen. Für die Füllung Spinat in einem Topf ca. 5 Minuten dünsten, ausdrücken und fein hacken. Mit Käse, Ricotta und Eigelb mischen, mit Salz würzen und ca. 10 Minuten kalt stellen. Champignons trocken abreiben und in Scheiben schneiden. Zwiebel schälen und würfeln.

Nudelteig in 4 Portionen teilen und rechteckig (ca. 16 x 20 cm) ausrollen. Spinatfüllung mithilfe eines Esslöffels mit jeweils ca. 4 cm Abstand auf 2 Teigplatten verteilen. Restliche 2 Teigplatten darauflegen und Teig um die Füllung herum andrücken. Ravioli rechteckig ausschneiden und die Ränder mit einer Gabel festdrücken.

Champignonscheiben und Zwiebelwürfel in einer Pfanne mit Wasser auf mittlerer Stufe kurz andünsten. Mit Essig, Brühe und Cremefine ablöschen und 4–5 Minuten köcheln lassen. Ravioli in siedendem Salzwasser 5–7 Minuten garen.

Stärke in restlichem Wasser anrühren, in der Sauce verrühren und aufkochen. Champignonsauce mit Estragon verfeinern und mit Salz und Pfeffer abschmecken. Ravioli mit einer Schaumkelle aus dem Wasser heben und mit Champignonsauce servieren.

Für 4 Personen:

- 250 g Blattspinat (TK)
- 280 g trockener Hartweizengrieß
- 2 Eier (Größe M)
- 1 TL Olivenöl
- 2 EL Wasser
- Salz, Pfeffer
- 50 g geriebener Hartkäse
- 80 g Ricotta
- 1 Eigelb (Größe M)
- 600 g Champignons
- 1 Zwiebel
- 1 EL Wasser
- 1 EL heller Balsamicoessig
- 175 ml Gemüsebrühe (1 TL Instantpulver)
- 100 ml Cremefine zum Kochen, 7 % Fett
- 1 TL Speisestärke
- 1 TL gehackter Estragon

Gemüselinguine mit Tomaten-Kräuter-Pesto

fertig in: 30 Minuten | davon aktiv: 25 Minuten
244 kcal | 1019 kJ

Tomaten in Brühe ca. 20 Minuten einweichen. Karotten schälen, Zucchini waschen und beides mit einem Sparschäler in lange Streifen schneiden. Nudeln nach Packungsanweisung in Salzwasser garen. Gemüsestreifen ca. 2 Minuten vor Ende der Garzeit zu den Nudeln geben und mitgaren.

Kräuter waschen, trocken schütteln und Blätter abzupfen. Knoblauch grob hacken. Für das Pesto Tomaten samt Brühe mit Knoblauch, Kräutern und Frischkäse pürieren. Nudeln mit Gemüsestreifen abgießen und mit Pesto vermischen. Gemüselinguine mit Tomaten-Kräuter-Pesto mit Salz und Pfeffer abschmecken und servieren.

Für 4 Personen:

- 10 getrocknete Tomaten ohne Öl
- 250 ml heiße Gemüsebrühe (1 TL Instantpulver)
- 500 g Karotten
- 3 Zucchini
- 280 g trockne Linguine
- Salz, Pfeffer
- 2 Zweige Thymian
- 1/2 Bund glatte Petersilie
- 1 Bund Basilikum
- 2 Knoblauchzehen
- 1 EL Frischkäse, bis 1 % Fett absolut

Farfalle mit Broccolisauce

fertig in: 30 Minuten | davon aktiv: 20 Minuten
296 kcal | 1236 kJ

Broccoli waschen, in Röschen teilen und in kochendem Salzwasser 12–15 Minuten garen. Nudeln nach Packungsanweisung in Salzwasser garen. Mandelblättchen fettfrei in einer Pfanne auf mittlerer Stufe rösten. Dill waschen und trocken schütteln.

Broccoli abgießen. 200 g Broccoli mit Brühe und Dill pürieren, mit Schmand verfeinern und mit Salz, Pfeffer und Muskatnuss würzen. Nudeln abgießen, mit Broccolisauce mischen, restlichen Broccoli unterheben und mit Mandelblättchen bestreut servieren.

Für 4 Personen:

- 1 kg Broccoli
- Salz, Pfeffer
- 280 g trockne Farfalle
- 2 TL Mandelblättchen
- 1/2 Bund Dill
- 250 ml Gemüsebrühe (1 TL Instantpulver)
- 4 EL Schmand
- 1 Prise geriebene Muskatnuss

Vegetarisch

Vegetarisch

Glasnudeln mit süß-saurer Asiasauce

 fertig in: 40 Minuten | davon aktiv: 40 Minuten
212 kcal | 888 kJ

Karotte und Ingwer schälen. Lauch waschen. Karotte in Stifte und Lauch in Ringe schneiden. Ingwer fein reiben. Pilze trocken abreiben und vierteln. Mungobohnensprossen waschen und mit Maiskölbchen und Bambussprossen abtropfen lassen. Maiskölbchen in Stücke schneiden.

Nudeln nach Packungsanweisung zubereiten. Öl in einer Pfanne auf mittlerer Stufe erhitzen, Knoblauch dazupressen und Ingwer darin kurz andünsten. Karottenstifte, Lauchringe, Maiskölbchenstücke und Pilzviertel zufügen und 5–6 Minuten braten. Mit Brühe und Sojasauce ablöschen und aufkochen.

Mungobohnen- und Bambussprossen unter die Sauce heben und erwärmen. Mit Honig, Essig, süß-saurer Sauce, Chilipulver und Salz würzen. Nudeln abgießen, mit Sauce anrichten und mit Koriander bestreut servieren.

Für 2 Personen:

- 1 kleine Karotte
- 1 Stück Ingwer (ca. 2 cm)
- 1 Stange Lauch
- 100 g Shiitakepilze (ersatzweise Champignons)
- 100 g Mungobohnensprossen
- 1 Glas Maiskölbchen (155 g Abtropfgewicht)
- 60 g Bambussprossen (Konserve)
- 80 g trockene Glasnudeln
- 2 TL Rapsöl
- 1 Knoblauchzehe
- 200 ml Gemüsebrühe (1 TL Instantpulver)
- 2 EL Sojasauce
- 1 TL Honig
- 1 EL Apfelessig
- 3 EL süß-saure Sauce
- 1/2 TL Chilipulver
- Salz
- 1 EL gehackter Koriander

Bestreue das Gericht zusätzlich mit 10 gehackten Cashewnüssen. Der SmartPoints Wert pro Person erhöht sich auf 9.

Lasagne mit Tofubolognese

fertig in: 65 Minuten | davon aktiv: 35 Minuten
einfrieren
464 kcal | 1940 kJ

Für die Marinade Sojasauce mit Honig verrühren und pfeffern. Tofu würfeln und darin ca. 10 Minuten marinieren. Karotte und Zwiebel schälen und in feine Würfel schneiden. Backofen auf 200° C (Gas: Stufe 3, Umluft: 180° C) vorheizen.

1 TL Öl in einer Pfanne auf mittlerer bis hoher Stufe erhitzen, Tofuwürfel darin 2–3 Minuten anbraten und herausnehmen. Knoblauch pressen. Restliches Öl im Bratensatz auf mittlerer Stufe erhitzen und Knoblauch, Tomatenmark, Zwiebel- und Karottenwürfel darin 2–3 Minuten anbraten. Mit stückigen Tomaten und Gemüsesaft ablöschen, Oregano zufügen und aufkochen. Frischkäse und Tofuwürfel unterrühren und Sauce mit Salz und Pfeffer abschmecken.

Tomaten waschen und in Scheiben schneiden. Sauce und jeweils 2 Lasagneblätter abwechselnd in eine Auflaufform (ca. 20 x 20 cm) schichten, dabei mit Sauce beginnen und abschließen. Mit Tomatenscheiben belegen und im Backofen auf mittlerer Schiene ca. 30 Minuten backen. Lasagne mit Basilikum bestreut servieren.

Für 2 Personen:

- 2 EL Sojasauce
- 1 TL Honig
- Salz, Pfeffer
- 200 g Tofu
- 1 kleine Karotte
- 1 Zwiebel
- 2 TL Rapsöl
- 1 Knoblauchzehe
- 2 EL Tomatenmark
- 500 g stückige Tomaten (Konserve)
- 200 ml Gemüsesaft
- 1 TL gehackter Oregano
- 100 g Frischkäse, bis 1 % Fett absolut
- 2 Tomaten
- 6 trockene Lasagneblätter
- 3 EL gehacktes Basilikum

Vegetarisch

Vegetarisch

Farfalle mit Gartengemüse-Käse-Sauce

 fertig in: 35 Minuten | davon aktiv: 20 Minuten
398 kcal | 1666 kJ

Bohnen und Blumenkohlröschen waschen und Bohnen in mundgerechte Stücke schneiden. Karotten schälen und in Scheiben schneiden. Bohnenstücke, Blumenkohlröschen und Karottenscheiben in kochendem Salzwasser ca. 12 Minuten garen.

Nudeln nach Packungsanweisung in Salzwasser garen. Gemüse abgießen und dabei das Kochwasser auffangen. Margarine in einem Topf auf kleiner bis mittlerer Stufe schmelzen und Mehl darin hellgelb anschwitzen. Unter Rühren mit Milch und 150 ml Gemüsesud ablöschen und ca. 5 Minuten köcheln lassen.

Sauce mit Frischkäse, Käse und Schnittlauch verfeinern. Gemüse dazugeben, erwärmen und mit Salz und Pfeffer abschmecken. Nudeln abgießen, unterheben und Farfalle mit Gartengemüse-Käse-Sauce servieren.

Für 2 Personen:

- 200 g grüne Bohnen
- 150 g Blumenkohlröschen
- 2 Karotten
- Salz, Pfeffer
- 120 g trockene Farfalle
- 2 TL Halbfettmargarine
- 1 EL Mehl
- 125 ml entrahmte Milch
- 3 EL Kräuterfrischkäse, bis 1 % Fett absolut
- 60 g geriebener Appenzeller, 50 % Fett i. Tr.
- 1 EL Schnittlauchringe

Bandnudeln mit Paprika-Mandel-Sauce

fertig in: 35 Minuten | davon aktiv: 25 Minuten
vegan
299 kcal | 1250 kJ

Zwiebel schälen. Paprika waschen, entkernen und mit Zwiebel würfeln. Knoblauch hacken. Öl in einem Topf auf mittlerer Stufe erhitzen, Zwiebel-, Paprikawürfel und Knoblauch darin ca. 5 Minuten anbraten. Mit Brühe ablöschen und mit Deckel ca. 5 Minuten garen.

Die Hälfte der Paprikawürfel herausnehmen und restliche Paprikawürfel mit Deckel weitere ca. 10 Minuten garen. Nudeln nach Packungsanweisung in Salzwasser garen.

Paprikasauce mit Mandelmus verfeinern und pürieren. Paprika-Mandel-Sauce mit Zitronensaft und Oregano verfeinern, Paprikawürfel zugeben, erwärmen und mit Salz und Pfeffer abschmecken. Nudeln abgießen und mit Paprika-Mandel-Sauce servieren.

Für 4 Personen:

- 1 Zwiebel
- 3 rote Paprika
- 2 gelbe Paprika
- 1 Knoblauchzehe
- 2 TL Olivenöl
- 150 ml Gemüsebrühe
- 280 g trockene Tagliatelle
- Salz, Pfeffer
- 20 g Mandelmus
- 1–2 TL Zitronensaft
- 2 TL gehackter Oregano

Nudeln mit Pilzrahmsauce

fertig in: 30 Minuten | davon aktiv: 20 Minuten
274 kcal | 1145 kJ

Schalotten schälen und würfeln. Pilze trocken abreiben, Pfifferlinge gegebenenfalls waschen. Champignons würfeln und Austernpilze in Stücke schneiden. Nudeln nach Packungsanweisung in Salzwasser garen.

Öl in einer Pfanne auf mittlerer Stufe erhitzen, Knoblauch dazupressen und mit Schalottenwürfeln ca. 3 Minuten andünsten. Pilze dazugeben und ca. 3 Minuten anbraten. Mit Brühe ablöschen und ca. 5 Minuten köcheln lassen. Mit Frischkäse und Kräutern verfeinern und mit Salz und Pfeffer abschmecken. Nudeln abgießen, unter die Pilzrahmsauce heben und servieren.

Für 4 Personen:

- 3 Schalotten
- 200 g Pfifferlinge
- 600 g Champignons
- 200 g Austernpilze
- 280 g trockene Tagliatelle
- Salz, Pfeffer
- 2 TL Rapsöl
- 1 Knoblauchzehe
- 300 ml Gemüsebrühe
- 3 EL Frischkäse, bis 1 % Fett absolut
- 4 EL gemischte gehackte Kräuter

Vegetarisch

Penne mit Tomaten-Auberginen-Sauce

 fertig in: 40 Minuten | davon aktiv: 30 Minuten
324 kcal | 1355 kJ

Aubergine waschen, Zwiebel schälen und beides würfeln. Kapern und Oliven hacken. Pfirsich kreuzweise einschneiden, mit kochendem Wasser überbrühen und häuten. Pfirsich halbieren, den Stein entfernen, Pfirsich grob würfeln und mit Brühe pürieren.

Öl in einem Topf auf mittlerer Stufe erhitzen und Zwiebelwürfel darin andünsten. Tomatenmark und Auberginenwürfel zugeben und ca. 3 Minuten mitdünsten. Mit Tomaten und Pfirsichpüree ablöschen, aufkochen und ca. 15 Minuten köcheln lassen.

Nudeln nach Packungsanweisung in Salzwasser garen. Sauce mit Oregano, Thymian, Kapern und Oliven verfeinern und mit Salz und Pfeffer würzen. Nudeln abgießen, mit Tomaten-Auberginen-Sauce mischen und mit Käse bestreut servieren.

Für 4 Personen:

- 1 Aubergine
- 1 Zwiebel
- 1 TL Kapern
- 5 entsteinte grüne Oliven in Lake
- 1 Pfirsich
- 150 ml Gemüsebrühe (1/2 TL Instantpulver)
- 3 TL Rapsöl
- 1 EL Tomatenmark
- 500 g passierte Tomaten (Konserve)
- 280 g trockene Penne
- Salz, Pfeffer
- 1 TL gehackter Oregano
- 1 TL gehackter Thymian
- 4 EL Hartkäsehobel

Statt eines frischen Pfirsichs kannst du auch 2 Pfirsichhälften ohne Zucker aus der Konserve verwenden. Der SmartPoints Wert pro Person ändert sich nicht.

Gemüse-Spaghetti-Omelette

fertig in: 30 Minuten | davon aktiv: 20 Minuten
245 kcal | 1024 kJ

Spaghetti halbieren und nach Packungsanweisung in Salzwasser garen. Karotten schälen, Zucchini waschen und zusammen in Streifen schneiden. Brühe in einem Topf auf mittlerer Stufe erhitzen und Karotten- und Zucchinistreifen darin ca. 2 Minuten vorgaren. Eier verquirlen und mit Salz und Pfeffer würzen. Käse in schmale Streifen schneiden.

Nudeln abgießen und mit Eiern und Käsestreifen mischen. Öl in einer Pfanne auf mittlerer Stufe erhitzen, Nudelmasse hineingeben und mit Deckel 5–7 Minuten stocken lassen. Karotten- und Zucchinistreifen abgießen und auf das Omelette geben. Gemüse-Spaghetti-Omelette zusammenklappen, halbieren und servieren.

Für 2 Personen:
- 30 g trockene Spaghetti
- Salz, Pfeffer
- 2 Karotten
- 1 kleine Zucchini
- 500 ml Gemüsebrühe (2 TL Instantpulver)
- 3 Eier (Größe M)
- 2 Scheiben Schmelzkäse, 20 % Fett i. Tr.
- 1 TL Olivenöl

Linguine mit Spinat-Roquefort-Sauce

fertig in: 30 Minuten | davon aktiv: 20 Minuten
385 kcal | 1613 kJ

Zwiebel schälen und in Würfel schneiden. Öl in einem Topf auf mittlerer Stufe erhitzen und Zwiebelwürfel darin glasig dünsten. Spinat mit 75 ml Brühe dazugeben und mit Deckel auftauen lassen. Restliche Brühe zufügen und 8–10 Minuten köcheln lassen. Nudeln nach Packungsanweisung in Salzwasser garen.

Pinienkerne fettfrei in einer Pfanne auf mittlerer Stufe rösten und herausnehmen. Tomate waschen und würfeln. Käse mit einer Gabel zerdrücken. Spinatsauce mit Cremefine, Käse und Pesto verfeinern, kurz aufkochen und mit Salz, Pfeffer, Muskatnuss und Kreuzkümmel würzen. Nudeln abgießen, mit Spinat-Roquefort-Sauce mischen und mit Tomatenwürfeln und Pinienkernen bestreut servieren.

Für 2 Personen:
- 1 Zwiebel
- 1 TL Rapsöl
- 500 g Blattspinat (TK)
- 250 ml Gemüsebrühe (1 TL Instantpulver)
- 120 g trockene Linguine
- Salz, Pfeffer
- 1 EL gehackte Pinienkerne
- 1 Tomate
- 1 Ecke Roquefort (30 g)
- 100 ml Cremefine zum Kochen, 7 % Fett
- 1 EL Pesto verde
- 1 Prise geriebene Muskatnuss
- 1 Msp. Kreuzkümmel

Vegetarisch

Käsespätzle nach Allgäuer Art

 fertig in: 35 Minuten | davon aktiv: 30 Minuten
422 kcal | 1767 kJ

Kopfsalat waschen, trocken schleudern und in mundgerechte Stücke zerteilen. Für das Dressing Gemüsesaft mit saurer Sahne, Essig und Ahornsirup pürieren, mit Salz und Pfeffer abschmecken. Zwiebel schälen und in Ringe schneiden.

Mehl, Ei, Wasser und 1/2 TL Salz verschlagen, bis der Teig Blasen wirft. Teig durch eine Spätzlepresse in siedendes Wasser drücken, 2–3 Minuten gar ziehen lassen, bis die Spätzle oben schwimmen, und mit einer Schaumkelle herausnehmen.

Öl in einer Pfanne auf mittlerer bis hoher Stufe erhitzen und Zwiebelringe darin 4–5 Minuten braten. Spätzle dazugeben, kurz mitbraten, salzen, pfeffern und mit Käse bestreuen. Salat mit Dressing beträufeln. Käsespätzle nach Wunsch mit Petersilie bestreuen und mit Salat servieren.

Für 2 Personen:

- 1 Kopfsalat
- 100 ml Gemüsesaft
- 2 EL saure Sahne
- 1–2 EL Himbeeressig
- 1 TL Ahornsirup
- Salz, Pfeffer
- 1 Zwiebel
- 125 g Mehl
- 1 Ei (Größe M)
- 80 ml Wasser
- 1 TL Rapsöl
- 50 g geriebener Edamer, 30 % Fett i. Tr.

Tofu in Sesampanade mit Gemüsenudeln

fertig in: 45 Minuten | davon aktiv: 45 Minuten
373 kcal | 1559 kJ

Knoblauch pressen und mit 2 EL Sojasauce verrühren. Tofu in Scheiben schneiden und ca. 15 Minuten darin marinieren. Karotte schälen. Pak Choi waschen, vierteln und den Strunk entfernen. Karotte in Scheiben und Pak Choi in Streifen schneiden. Austernpilze trocken abreiben und grob hacken. Bambussprossen abtropfen lassen.

1 TL Öl in einem Topf auf mittlerer Stufe erhitzen und Karottenscheiben, Kohlstreifen und Pilzstücke darin ca. 5 Minuten dünsten. Gemüse mit Brühe ablöschen, Bambussprossen hinzufügen und mit Deckel 10–12 Minuten garen.

Für die Panade Ei in einem tiefen Teller verquirlen und mit Salz und Pfeffer würzen. Sesam in einen weiteren tiefen Teller geben. Tofuscheiben zuerst in Ei, danach in Sesam wenden. Restliches Öl in einer Pfanne auf mittlerer bis hoher Stufe erhitzen und Tofuscheiben darin 2–3 Minuten von jeder Seite braten.

Nudeln zum Gemüse geben und ca. 2 Minuten mitgaren. Gemüsenudeln mit Salz, Pfeffer, Koriander, restlicher Sojasauce und Ahornsirup würzen. Tofu in Sesampanade mit Gemüsenudeln servieren.

Für 2 Personen:

- 1 Knoblauchzehe
- 3 EL Sojasauce
- 100 g Tofu
- 1 Karotte
- 1 kleiner Pak Choi (ca. 300 g, ersatzweise Chinakohl)
- 100 g Austernpilze
- 100 g Bambussprossen (Konserve)
- 3 TL Sesamöl
- 125 ml Gemüsebrühe (1/2 TL Instantpulver)
- 1 Ei (Größe M)
- Salz, Pfeffer
- 2 EL Sesam
- 80 g trockene Mie-Nudeln
- 1 EL gehackter Koriander
- 1 TL Ahornsirup

Vegetarisch

Vegetarisch

Linsen mit Spätzle

 fertig in: 40 Minuten | davon aktiv: 10 Minuten
349 kcal | 1461 kJ

Zwiebel und Karotten schälen und in kleine Würfel schneiden. Öl in einem Topf auf mittlerer Stufe erhitzen und Zwiebel-, Karottenwürfel und Linsen darin 4–5 Minuten anbraten. Lorbeerblätter zufügen, mit Brühe ablöschen und mit Deckel ca. 30 Minuten garen. Lauch waschen und in Streifen schneiden. Lauchstreifen 10–15 Minuten vor Ende der Garzeit hinzufügen und mitgaren.

Nudeln nach Packungsanweisung in Salzwasser garen. Lorbeerblätter aus den Linsen entfernen. Mit Essig und Senf würzen und mit Salz und Pfeffer abschmecken. Nudeln abgießen und Linsen mit Spätzle servieren.

Für 2 Personen:

- 1 Zwiebel
- 4 Karotten
- 2 TL Rapsöl
- 80 g trockene Puy-Linsen
- 2 Lorbeerblätter
- 250 ml Gemüsebrühe (1 TL Instantpulver)
- 1 Stange Lauch
- 100 g trockene Spätzle
- Salz, Pfeffer
- 1 EL Weißweinessig
- 1 TL Senf

Salbeipenne mit weißen Bohnen

 fertig in: 20 Minuten | davon aktiv: 15 Minuten
360 kcal | 1505 kJ

Champignons trocken abreiben und vierteln. Tomaten waschen und in Würfel schneiden. Salbeiblätter waschen, trocken schütteln und in Streifen schneiden. Bohnen abspülen und abtropfen lassen. Nudeln nach Packungsanweisung in Salzwasser garen.

Öl in einer Pfanne auf mittlerer Stufe erhitzen, Champignonviertel und Tomatenwürfel darin 2–3 Minuten anbraten und mit Salz und Pfeffer würzen. Mit Brühe ablöschen, Salbei hinzugeben und 3–4 Minuten garen. Bohnen dazugeben und 2–3 Minuten erwärmen. Nudeln abgießen und mit Käse unter die Bohnensauce heben. Salbeipenne mit Salz und Pfeffer abschmecken und mit Petersilie bestreut servieren.

Für 2 Personen:

- 250 g Champignons
- 350 g Cocktailtomaten
- 10 Blätter Salbei
- 1 Glas weiße Bohnen (255 g Abtropfgewicht)
- 120 g trockene Penne
- Salz, Pfeffer
- 1 TL Olivenöl
- 200 ml Gemüsebrühe (1 TL Instantpulver)
- 2 EL geriebener Hartkäse
- 1 TL gehackte Petersilie

Spaghetti mit Ratatouillesauce

 fertig in: 35 Minuten | davon aktiv: 25 Minuten
246 kcal | 1028 kJ

Paprika, Tomaten, Zucchini und Aubergine waschen. Zwiebel schälen. Paprika entkernen und mit Zucchini, Tomaten, Aubergine und Zwiebel würfeln. Knoblauch in Scheiben schneiden. Thymian waschen und trocken schütteln.

Öl in einer Pfanne auf mittlerer Stufe erhitzen und Knoblauchscheiben, Paprika-, Zucchini-, Auberginen- und Zwiebelwürfel darin 4–5 Minuten anbraten.

Gemüse mit Salz und Pfeffer würzen, Thymian, Majoran und Tomatenwürfel dazugeben, mit Brühe ablöschen und mit Deckel ca. 10 Minuten köcheln lassen. Nudeln nach Packungsanweisung in Salzwasser garen.

Thymian aus der Sauce entfernen, mit Essig und Honig verfeinern und mit Salz und Pfeffer abschmecken. Nudeln abgießen und mit Ratatouillesauce servieren.

Für 2 Personen:

- je 1 rote und gelbe Paprika
- 300 g Tomaten
- 1 Zucchini
- 1 Aubergine
- 1 rote Zwiebel
- 1 Knoblauchzehe
- 2–3 Zweige Thymian
- 2 TL Olivenöl
- Salz, Pfeffer
- 1 TL gehackter Majoran
- 150 ml Gemüsebrühe (1/2 TL Instantpulver)
- 120 g trockene Vollkorn-Spaghetti
- 1–2 EL dunkler Balsamicoessig
- 1 TL Honig

♛ Bestreue die Ratatouillesauce mit 80 g zerbröseltem Ziegenfrischkäse. Der SmartPoints Wert pro Person erhöht sich auf 11.

Vegetarisch

Spaghettisalat mit Tomatenpaprika

 fertig in: 20 Minuten | davon aktiv: 20 Minuten
317 kcal | 1324 kJ

Nudeln nach Packungsanweisung in Salzwasser garen. Erbsen ca. 5 Minuten vor Ende der Garzeit zugeben und mitgaren. Nudeln und Erbsen abgießen und abschrecken. Tomatenpaprika abtropfen lassen und in Streifen schneiden. Schafskäse würfeln.

Für das Dressing Basilikum waschen und trocken schütteln. Blätter abzupfen, mit Essig, Brühe und Pinienkernen pürieren und mit Salz und Pfeffer würzen. Salatzutaten mit Dressing mischen und mit Salz und Pfeffer abschmecken. Spaghettisalat mit Tomatenpaprika servieren.

Für 4 Personen:

240 g trockene Spaghetti
Salz, Pfeffer
150 g Erbsen (TK)
1 Glas Tomatenpaprika in Lake (300 g Abtropfgewicht)
120 g Schafskäse, 25 % Fett i. Tr.
1 Bund Basilikum
3–4 EL heller Balsamicoessig
100 ml Gemüsebrühe (1/2 TL Instantpulver)
2 EL Pinienkerne

Ideal für unterwegs – der mediterrane Nudelsalat Italia.

Mediterraner Nudel-Bohnen-Topf

fertig in: 45 Minuten | davon aktiv: 20 Minuten
vegan | einfrieren
297 kcal | 1240 kJ

Zwiebel, Sellerie und Karotten schälen und würfeln. Knoblauch pressen. Öl in einem Topf auf mittlerer Stufe erhitzen und Zwiebel-, Sellerie- und Karottenwürfel mit Knoblauch darin 3–4 Minuten anbraten. Nudeln zugeben, mit Tomaten und Brühe ablöschen und aufkochen. Eintopf mit Oregano und Bohnenkraut würzen und ca. 15 Minuten garen.

Bohnen abspülen, abtropfen lassen, unterheben und kurz erwärmen. Mediterranen Nudel-Bohnen-Topf mit Salz und Pfeffer abschmecken und servieren.

Für 4 Personen:

- 1 Zwiebel
- 1/2 Knollensellerie (ca. 400 g)
- 500 g Karotten
- 1 Knoblauchzehe
- 1 EL Rapsöl
- 200 g trockene Kritharaki
- 800 g stückige Tomaten (Konserve)
- 500 ml Gemüsebrühe (2 TL Instantpulver)
- 1 TL gehackter Oregano
- 1 TL gehacktes Bohnenkraut
- 1 Dose weiße Bohnen (490 g Abtropfgewicht)
- Salz, Pfeffer

Vegetarisch

Vegetarisch

Broccolinudeln mit Mandelpesto

 fertig in: 20 Minuten | davon aktiv: 20 Minuten
294 kcal | 1230 kJ

Broccoli waschen und in kleine Röschen teilen. Broccoliröschen in kochendem Salzwasser ca. 10 Minuten garen. Nudeln nach Packungsanweisung in Salzwasser garen.

Für das Pesto Mandelblättchen fettfrei in einer Pfanne auf mittlerer Stufe rösten. Petersilie waschen, trocken schütteln und Blätter abzupfen. Knoblauch und Käse grob hacken. Broccoliröschen abgießen.

Mandelblättchen mit Petersilie, Knoblauch, Käse, 50 ml Nudelwasser und 50 g Broccoli pürieren und mit Salz und Pfeffer abschmecken. Nudeln abgießen, mit restlichen Broccoliröschen und Pesto vermischen und servieren.

Für 2 Personen:

- 700 g Broccoli
- Salz, Pfeffer
- 200 g Bandnudeln (Frischprodukt)
- 3 EL Mandelblättchen
- 1 Bund Petersilie
- 1 Knoblauchzehe
- 40 g Hartkäse

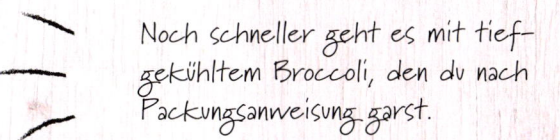

Noch schneller geht es mit tiefgekühltem Broccoli, den du nach Packungsanweisung garst.

Linguine mit Walnuss-Karotten-Pesto

fertig in: 25 Minuten | davon aktiv: 20 Minuten
406 kcal | 1699 kJ

Karotten und Schalotte schälen und würfeln. Öl in einem Topf auf mittlerer Stufe erhitzen, Karotten- und Schalottenwürfel darin ca. 5 Minuten dünsten. Mit Brühe ablöschen und mit Deckel ca. 10 Minuten garen. Nudeln nach Packungsanweisung in Salzwasser garen.

Zwei Drittel der Karottenwürfel herausnehmen und beiseitestellen. Walnüsse, Käse und Petersilie zu den restlichen Karotten samt Sud geben und pürieren. Nudeln abgießen, mit Karottenwürfeln unter das Pesto heben und mit Salz und Pfeffer abschmecken. Linguine mit Walnuss-Karotten-Pesto servieren.

Für 1 Person:

- 400 g Karotten
- 1 Schalotte
- 2 TL Olivenöl
- 100 ml Gemüsebrühe (1/2 TL Instantpulver)
- 70 g trockene Linguine
- Salz, Pfeffer
- 1 TL gehackte Walnüsse
- 1 EL geriebener Hartkäse
- 1 EL gehackte Petersilie

Makkaroni mit Kräuter-Käse-Sauce

fertig in: 25 Minuten | davon aktiv: 25 Minuten
429 kcal | 1796 kJ

Tomaten waschen und in Spalten schneiden. Zwiebel schälen und würfeln. Für das Dressing Ajvar, Zuckerrübensirup, Kefir, Essig und 1 EL Kräuter verrühren und mit Salz und Pfeffer würzen. Tomatenspalten und Zwiebelwürfel mit Dressing vermischen. Nudeln nach Packungsanweisung in Salzwasser garen.

Milch mit Brühe in einem Topf aufkochen, Käse unterrühren und darin schmelzen lassen. Sauce pürieren. Stärke in 1 EL Wasser anrühren, zur Sauce geben, mit restlichen Kräutern verfeinern, salzen, pfeffern und aufkochen. Nudeln abgießen und mit Kräuter-Käse-Sauce und Tomatensalat servieren.

Für 2 Personen:

- 500 g Tomaten
- 1 rote Zwiebel
- 1 TL Ajvar
- 1 TL Zuckerrübensirup
- 100 ml fettarmer Kefir
- 2–3 EL Kräuteressig
- 3 EL gemischte gehackte Kräuter
- Salz, Pfeffer
- 100 g trockene Makkaroni
- 150 ml fettarme Milch
- 50 ml Gemüsebrühe (1/4 TL Instantpulver)
- 60 g geriebener Gouda, 30 % Fett i. Tr.
- 30 g geriebener Edamer, 30 % Fett i. Tr.
- 1 TL Speisestärke

Vegetarisch

Vegetarisch

Saftige Mangoldlasagne

fertig in: 90 Minuten | davon aktiv: 45 Minuten
einfrieren
443 kcal | 1850 kJ

Mangold waschen, trocken schleudern, weiße Stiele von den Blättern schneiden und Blätter grob hacken. Mangoldblätter kurz in kochendem Wasser blanchieren und in kaltem Wasser abschrecken. Zwiebel schälen und mit Knoblauch fein würfeln. 1 TL Öl in einer Pfanne auf mittlerer Stufe erhitzen und die Hälfte der Zwiebel- und Knoblauchwürfel darin 3–4 Minuten anbraten. Mangold in die Pfanne geben und 3–5 Minuten mitbraten. Mit Frischkäse verfeinern und mit Salz, Pfeffer und Muskatnuss würzen.

Backofen auf 180° C (Gas: Stufe 2, Umluft: 160° C) vorheizen. Restliches Öl in einer weiteren Pfanne auf mittlerer Stufe erhitzen und restliche Zwiebel- und Knoblauchwürfel darin 3–4 Minuten anbraten. Tomatenmark dazugeben und kurz mitbraten. Mit Tomaten ablöschen, ca. 5 Minuten köcheln lassen und mit Salz, Pfeffer und Paprikapulver würzen.

Tomatensauce, Lasagneblätter und Mangold abwechselnd in eine Auflaufform (ca. 15 x 20 cm) schichten, dabei mit einer Schicht Tomatensauce beginnen und abschließen. Mangoldlasagne mit Käse bestreuen, im Backofen auf mittlerer Schiene 40–45 Minuten backen und servieren.

Für 2 Personen:

- 500 g Mangold
- 1 Zwiebel
- 1 Knoblauchzehe
- 2 TL Rapsöl
- 170 g Frischkäse, bis 1 % Fett absolut
- Salz, Pfeffer
- 1 Prise geriebene Muskatnuss
- 1–2 EL Tomatenmark
- 400 g passierte Tomaten (Konserve)
- 1/2 TL Paprikapulver
- 6 trockene Lasagneblätter
- 50 g geriebener Hartkäse

Spätzlepfanne mit Spitzkohl

9 SmartPoints Wert

fertig in: 35 Minuten | davon aktiv: 30 Minuten
294 kcal | 1232 kJ

Spitzkohl putzen, vierteln, den Strunk entfernen und Kohl in Streifen schneiden. Öl in einer Pfanne auf mittlerer Stufe erhitzen und Spitzkohlstreifen darin ca. 6 Minuten braten. Mit Brühe ablöschen und mit Deckel 10–15 Minuten garen. Spätzle nach Packungsanweisung in Salzwasser garen.

Spitzkohl mit Schmand und Majoran verfeinern. Spätzle abgießen und unterheben. Spätzlepfanne mit Salz und Pfeffer abschmecken und nach Wunsch mit frischen Kräutern garniert servieren.

Für 4 Personen:

- 1,2 kg Spitzkohl
- 2 TL Rapsöl
- 250 ml Gemüsebrühe (1 TL Instantpulver)
- 280 g trockene Spätzle
- Salz, Pfeffer
- 2 EL Schmand
- 1 TL gehackter Majoran

Linguine mit Artischocken-Zitronen-Sauce

12 SmartPoints Wert

fertig in: 25 Minuten | davon aktiv: 25 Minuten
409 kcal | 1712 kJ

Salat waschen, trocken schleudern und in mundgerechte Stücke zerteilen. Für das Dressing Dickmilch mit Honig, Essig und Cranberries pürieren und mit Salz und Pfeffer abschmecken. Knoblauch in Scheiben schneiden. Artischockenherzen abtropfen lassen und halbieren. Nudeln nach Packungsanweisung in Salzwasser garen.

Öl in einer Pfanne auf mittlerer Stufe erhitzen, Knoblauchscheiben darin kurz anbraten und mit Brühe ablöschen. Artischockenhälften, Zitronenschale und Cremefine zufügen, Saucenbinder einrühren und aufkochen. Sauce mit Salz und Pfeffer abschmecken. Salat mit Dressing mischen. Nudeln abgießen und mit Artischocken-Zitronen-Sauce und Salat servieren. Nach Wunsch mit Chiliflocken garnieren.

Für 2 Personen:

- 1 Eichblattsalat
- 125 ml Dickmilch, 3,5 % Fett
- 1 TL Honig
- 2 EL Himbeeressig
- 1 EL getrocknete Cranberries
- Salz, Pfeffer
- 1 Knoblauchzehe
- 1 Dose Artischockenherzen in Lake (240 g Abtropfgewicht)
- 100 g trockene Linguine
- 1 TL Olivenöl
- 250 ml Gemüsebrühe
- 1 Msp. abgeriebene unbehandelte Zitronenschale
- 100 ml Cremefine zum Kochen, 7 % Fett
- 1 TL heller Saucenbinder

Vegetarisch

Vegetarisch

Pastinaken-Nudel-Auflauf mit Wirsing

fertig in: 50 Minuten | davon aktiv: 20 Minuten
einfrieren
567 kcal | 2374 kJ

Nudeln nach Packungsanweisung in Salzwasser garen. Pastinaken schälen und in Scheiben schneiden. Zwiebel schälen und würfeln. Wirsing putzen, vierteln, den Strunk entfernen und Wirsing in Streifen schneiden.

Öl in einer Pfanne auf mittlerer bis hoher Stufe erhitzen und Zwiebelwürfel darin glasig anbraten. Pastinakenscheiben und Wirsingstreifen zugeben und 2–3 Minuten mitbraten. Mit 100 ml Brühe ablöschen und mit Deckel ca. 5 Minuten vorgaren. Nudeln abgießen. Backofen auf 200° C (Gas: Stufe 3, Umluft: 180° C) vorheizen.

Margarine in einem Topf auf mittlerer Stufe erhitzen und Mehl darin anschwitzen. Unter Rühren mit Milch und restlicher Brühe ablöschen und aufkochen. Thymian waschen, trocken schütteln und Blättchen abzupfen. Thymianblättchen unterrühren und mit Salz, Pfeffer und Muskatnuss würzen.

Gemüse und Nudeln in einer Auflaufform (ca. 20 x 25 cm) vermischen, mit Sauce übergießen und mit Käse bestreuen. Pastinaken-Nudel-Auflauf im Backofen auf mittlerer Schiene ca. 25 Minuten backen und servieren.

Für 2 Personen:

- 80 g trockene Penne
- Salz, Pfeffer
- 300 g Pastinaken
- 1 Zwiebel
- 300 g Wirsing
- 1 TL Rapsöl
- 250 ml Gemüsebrühe (1 TL Instantpulver)
- 1 EL Halbfettmargarine
- 2 EL Mehl
- 500 ml entrahmte Milch
- 3 Zweige Thymian
- 1 Prise geriebene Muskatnuss
- 60 g geriebener Käse, 30 % Fett i. Tr.

Minestrone mit Farfalle

fertig in: 55 Minuten | davon aktiv: 40 Minuten
vegan | einfrieren
179 kcal | 747 kJ

Zwiebel und Karotten schälen und würfeln. 1 Knoblauchzehe hacken. Sellerie, Bohnen, Fenchel und Tomaten waschen. Sellerie in Scheiben schneiden. Fenchel halbieren, den Strunk entfernen und Fenchel in Streifen schneiden. Tomaten und Bohnen in Stücke schneiden. Nudeln nach Packungsanweisung in Salzwasser garen.

Öl in einem Topf auf mittlerer Stufe erhitzen, Zwiebelwürfel mit Knoblauch und Tomatenmark darin andünsten. Gemüse zufügen, mit Brühe ablöschen und ca. 20 Minuten garen. Weiße Bohnen abspülen und abtropfen lassen. Nudeln abgießen, mit den Bohnen unter die Minestrone mischen und erwärmen.

Für die Gremolata Petersilie waschen, trocken schütteln und fein hacken. 1 Msp. Zitronenschale abreiben und 1/2 TL Zitronensaft auspressen. Restlichen Knoblauch pressen. Petersilie mit Zitronensaft, Zitronenschale, Oregano und Knoblauch mischen. Minestrone mit Salz und Pfeffer abschmecken und mit Gremolata bestreut servieren.

Für 4 Personen:

- 1 Zwiebel
- 2 Karotten
- 2 Knoblauchzehen
- 1 Stange Staudensellerie
- 200 g grüne Bohnen
- 1 Fenchelknolle
- 200 g Tomaten
- 120 g trockene Farfalle
- Salz, Pfeffer
- 1 EL Rapsöl
- 2 EL Tomatenmark
- 1,2 Liter Gemüsebrühe (1 EL Instantpulver)
- 1 Dose große weiße Bohnen (255 g Abtropfgewicht)
- 1/2 Bund Petersilie
- 1/2 unbehandelte Zitrone
- 1/2 TL gehackter Oregano

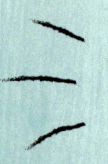 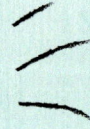

Gremolata ist eine italienische Kräuter-Würzmischung, die erst gegen Ende der Garzeit von warmen Gerichten zugegeben wird, um die frischen Aromen zu erhalten.

Vegetarisch

Tofu-Gemüse-Wok mit Mie-Nudeln

fertig in: 40 Minuten | davon aktiv: 35 Minuten
vegan
324 kcal | 1433 kJ

Tofu würfeln. Ingwer schälen, Zitronengras waschen und mit Ingwer fein hacken. Für die Marinade Knoblauch pressen und mit 4 EL Sojasauce und jeweils der Hälfte Zitronengras und Ingwer verrühren. Tofuwürfel zugeben und ca. 10 Minuten marinieren. Spargel, Broccoli, Chilischote und Limettenblätter waschen. Spargel in Stücke schneiden. Broccoli in kleine Röschen schneiden. Chilischote entkernen und in Ringe schneiden. Nudeln nach Packungsanweisung in Salzwasser garen.

Tofuwürfel abtropfen lassen. Öl in einem Wok auf mittlerer bis hoher Stufe erhitzen, Tofuwürfel darin ca. 4 Minuten rundherum anbraten und herausnehmen. Broccoliröschen, Chiliringe und Limettenblätter im Bratensatz ca. 5 Minuten anbraten. Nudeln abgießen.

Spargelstücke zum Broccoli geben und ca. 2 Minuten mitbraten. Mit Brühe und restlicher Sojasauce ablöschen, restlichen Ingwer und Zitronengras zugeben und aufkochen. Limettenblätter aus dem Gemüse entfernen, Nudeln und Tofuwürfel unterheben und kurz erwärmen. Tofu-Gemüse-Wok mit Mie-Nudeln servieren.

Für 2 Personen:

- 200 g Tofu
- 1 Stück Ingwer (ca. 2 cm)
- 1 Stängel Zitronengras
- 1 Knoblauchzehe
- 8 EL Sojasauce
- 300 g Thaispargel
- 250 g Broccoli
- 1 rote Chilischote
- 2 Kaffirlimettenblätter
- 100 g trockene Mie-Nudeln
- Salz
- 2 TL Rapsöl
- 100 ml Gemüsebrühe (1/2 TL Instantpulver)

Tagliatelle mit karamellisiertem Radicchio

fertig in: 25 Minuten | davon aktiv: 25 Minuten
295 kcal | 1232 kJ

Nudeln nach Packungsanweisung in Salzwasser garen. Walnüsse fettfrei in einer Pfanne auf mittlerer Stufe ca. 3 Minuten rösten und herausnehmen. Radicchio waschen und trocken schleudern. Zwiebel schälen. Radicchio und Zwiebel in Streifen schneiden.

Zucker in der Pfanne karamellisieren lassen und Radicchio- und Zwiebelstreifen darin ca. 5 Minuten braten. Mit Brühe ablöschen, mit Cremefine und Käse verfeinern, kurz aufkochen und mit Salz, Pfeffer und Muskatnuss würzen. Nudeln abgießen. Radicchio mit Walnüssen und Schnittlauchringen bestreuen und Tagliatelle mit karamellisiertem Radicchio servieren.

Für 2 Personen:

- 120 g trockene Tagliatelle
- Salz, Pfeffer
- 1 EL gehackte Walnüsse
- 300 g Radicchio
- 1 Zwiebel
- 1 TL Zucker
- 150 ml Gemüsebrühe (1/2 TL Instantpulver)
- 50 ml Cremefine zum Kochen, 15 % Fett
- 3 EL Hartkäsehobel
- 1 Prise geriebene Muskatnuss
- 1 TL Schnittlauchringe

Vegetarisch

Vegetarisch

Farfalle mit Tomaten-Ricotta-Sauce

fertig in: 20 Minuten | davon aktiv: 20 Minuten
324 kcal | 1356 kJ

Zwiebel schälen und würfeln. Öl in einem Topf auf mittlerer Stufe erhitzen und Zwiebelwürfel mit Tomatenmark darin andünsten. Mit stückigen Tomaten und Tomatensaft ablöschen und aufkochen. Nudeln nach Packungsanweisung in Salzwasser garen.

Cocktailtomaten waschen, halbieren, zur Sauce geben und ca. 5 Minuten köcheln lassen. Basilikum waschen, trocken schütteln und in Streifen schneiden. Sauce mit Honig und Ricotta verfeinern und mit Salz und Pfeffer abschmecken. Nudeln abgießen, mit Basilikumstreifen unter die Tomaten-Ricotta-Sauce heben und servieren.

Für 4 Personen:

- 1 Zwiebel
- 2 TL Rapsöl
- 1 EL Tomatenmark
- 500 g stückige Tomaten (Konserve)
- 100 ml Tomatensaft
- 280 g trockene Farfalle
- Salz, Pfeffer
- 400 g Cocktailtomaten
- 1/2 Bund Basilikum
- 1 TL Honig
- 125 g Ricotta

Penne mit frischem Bärlauchpesto

 fertig in: 25 Minuten | davon aktiv: 25 Minuten
274 kcal | 1147 kJ

Nudeln nach Packungsanweisung in Salzwasser garen. Für den Salat Tomaten und Gurke waschen. Tomaten in Spalten und Gurke in Scheiben schneiden. Schalotte schälen und in Streifen schneiden. Balsamicoessig und 50 ml Brühe verrühren, mit Salz und Pfeffer würzen. Gemüse vermischen und mit Dressing beträufeln.

Pinienkerne fettfrei in einer Pfanne auf mittlerer Stufe rösten. Bärlauch waschen, trocken schütteln und grob hacken. Käse grob hacken und mit Pinienkernen, Bärlauch, Öl und restlicher Brühe pürieren. Mit Salz und Pfeffer würzen. Nudeln abgießen, mit Bärlauchpesto vermischen und mit Tomaten-Gurken-Salat servieren.

Für 4 Personen:

- 200 g trockene Penne
- Salz, Pfeffer
- 4 Fleischtomaten
- 1 Salatgurke
- 1 Schalotte
- 3 EL dunkler Balsamicoessig
- 150 ml Gemüsebrühe (1/2 TL Instantpulver)
- 2 EL Pinienkerne
- 1/2 Bund Bärlauch (ersatzweise Basilikum)
- 40 g Hartkäse
- 1 EL Olivenöl

Nudelauflauf mit Blumenkohl und Broccoli

fertig in: 30 Minuten | davon aktiv: 20 Minuten
einfrieren
438 kcal | 1834 kJ

Nudeln nach Packungsanweisung in Salzwasser garen. Broccoli- und Blumenkohlröschen waschen, ca. 4 Minuten vor Ende der Garzeit zu den Nudeln geben und mitgaren. Nudeln und Gemüse abgießen und beiseitestellen. Backofen mit Grillfunktion vorheizen.

Margarine in einem Topf auf mittlerer Stufe schmelzen lassen. Mehl einrühren und hellgelb anschwitzen. Unter Rühren mit Milch ablöschen und Sauce 3–5 Minuten auf niedriger Stufe köcheln lassen. Käse reiben, die Hälfte in die Sauce rühren und schmelzen lassen. Mit Salz, Pfeffer und Muskatnuss abschmecken.

Die Hälfte der Sauce mit Nudeln und Gemüse mischen und auf 2 kleine Auflaufformen verteilen. Mit restlicher Sauce übergießen und mit restlichem Käse bestreuen. Nudelauflauf im Backofen auf mittlerer Schiene ca. 10 Minuten grillen, bis der Käse geschmolzen ist: Nudelauflauf mit Blumenkohl und Broccoli servieren.

Für 2 Personen:

- 100 g trockene Makkaroni
- Salz, Pfeffer
- 100 g Broccoliröschen
- 100 g Blumenkohlröschen
- 25 g Halbfettmargarine
- 25 g Mehl
- 300 ml fettarme Milch
- 50 g geriebener Käse, 30 % Fett i. Tr.
- 1 Prise geriebene Muskatnuss

Vegetarisch

Vegetarisch

Asiatische Tofupfanne mit Reisnudeln

fertig in: 45 Minuten | davon aktiv: 40 Minuten
298 kcal | 1249 kJ

Chinakohl waschen und Boden samt Strunk entfernen. Paprika waschen und entkernen. Paprika und Kohl in Streifen schneiden. Frühlingszwiebeln waschen und in Ringe schneiden. Tofu würfeln. Ingwer schälen und fein hacken. Knoblauch pressen.

Sojasauce mit Zitronengras, Knoblauch und Ingwer verrühren, Tofuwürfel darin ca. 10 Minuten marinieren. Cashewnüsse fettfrei in einer Pfanne auf mittlerer Stufe ca. 2 Minuten rösten und herausnehmen.

Nudeln nach Packungsanweisung in Salzwasser garen. Tofuwürfel aus der Marinade nehmen und abtropfen lassen. Öl in einer Pfanne auf mittlerer bis hoher Stufe erhitzen und Tofuwürfel darin ca. 3 Minuten rundherum anbraten. Chinakohl-, Paprikastreifen und Lauchzwiebelringe zugeben und mit Deckel bei mittlerer Hitze ca. 2 Minuten dünsten.

Nudeln abgießen. Restliche Marinade mit Tomatenmark, Currypaste und Honig verrühren und mit Nudeln zur Tofupfanne geben. Mit Paprikapulver würzen und mit Salz und Pfeffer abschmecken. Asiatische Tofupfanne mit Cashewnüssen bestreut servieren.

Für 4 Personen:

- 1 kleiner Chinakohl
- 3 rote Paprika
- 2 Frühlingszwiebeln
- 250 g Räuchertofu
- 1 Stück Ingwer (ca. 2 cm)
- 1 Knoblauchzehe
- 5 EL Sojasauce
- 1/2 TL getrocknetes Zitronengras
- 10 Cashewnüsse
- 200 g trockene Reisnudeln
- Salz, Pfeffer
- 2 TL Sesamöl
- 1 EL Tomatenmark
- 1 TL grüne Currypaste (ersatzweise Currypulver)
- 1 TL Honig
- 1/2 TL Paprikapulver

Bella Simone

Die Küche des Mittelmeers hat es Simone seit jeher angetan: Mit den leckeren Rezepten von Weight Watchers genießt die 42-Jährige Pizza, Pasta & Co. jetzt noch mehr – und freut sich über Lob für ihre Kochkünste ebenso wie über Komplimente

Name: Simone
Alter: 42 Jahre
Erfolg: -14 kg
Teilnahme: Treffen

Seit sechs Jahren fährt Simone mit ihrer kleinen Familie in den Badeort San Vincenzo in der Toskana, doch den letzten Italien-Urlaub hat die 42-Jährige mehr genossen als je zuvor: „Es ist einfach toll, wenn man sich gerade am Strand wieder wohlfühlt und in schönen Kleidern eine bella figura macht", freut sich die Rechtsanwaltsfachangestellte. 14 Kilo hat sie abgenommen, seit sie ihr erstes Weight Watchers Treffen besuchte, Startgewicht: 84 Kilo. Bis zum Wunschgewicht von 68 Kilo sollen nun noch zwei Kilo purzeln – auch der Urlaub hat ihr keinen Strich durch die Rechnung gemacht.

„Wenn ich meinen Freunden erzählt habe, dass man beim Abnehmen sogar Pizza essen darf, konnten sie es kaum glauben", erzählte die Mutter einer kleinen Tochter jetzt beim Fotoshooting in Hamburg. Dort bereitete sie prompt eine Pizza zu. Sogar Antipasti-Rezepte und Desserts aus der Küche des Südens hat sie in den Weight Watchers Kochbüchern gefunden und lädt ihre Freunde auch immer wieder zu italienischen Abenden ein. Danach will jeder die Rezepte haben, so lecker schmeckt es. Wenn es ihr SmartPoints Budget hergibt, gönnt sie sich auch mal ein Glas Rotwein. Selbst auf ihren heiß geliebten Latte Macchiato verzichtet die Münchnerin nicht. Doch während sie beim Genuss der Kaffeespezialität früher oft allerlei Süßkram naschte, gibt sie sich heute mit einem einfachen Keks oder einer Mini-Praline zufrieden.

Für den tollen Erfolg kann sie sich auch bei ihrem Schwiegervater bedanken: Er hatte sie immer wieder mit ihren überflüssigen Pfunden aufgezogen, selbst allerdings auch zugelegt. Weihnachten forderte er Simone dann heraus: „Komm, Schwiegertochter, wir könnten doch beide mal etwas für unsere Gesundheit tun …" Simone war zunächst ein wenig beleidigt. Doch ihr Ehrgeiz war geweckt, und sie meldete sich auf der Stelle bei Weight Watchers an, nachdem sie einen Werbespot im Fernsehen gesehen hatte. Das Programm für den schlanken Lebensstil begeisterte sie sofort: „Es ist unkompliziert, und man kann es überall gut einhalten, auch im Urlaub." Die SmartPoints Werte der einzelnen Lebensmittel kannte sie schnell auswendig, und es machte ihr einfach Spaß, darauf zu achten und wieder bewusst zu genießen.

Mit dem Interesse an gesunder Ernährung kam auch der Spaß am Sport: Zweimal pro Woche geht Simone ins Fitnessstudio. Bewegung gehört für sie heute zum Alltag – und auch im Urlaub unterstützt sie die Abnahme mit Schwimmen und Spazierengehen. Damit überholte sie auch schnell ihren Schwiegervater, der auf eigene Faust vier Kilo verlor. Auch beim nächsten Urlaub in San Vincenzo wird Simone das „dolce vita", das süße Leben, voll auskosten können – weil sie endlich wieder figurbetonte Sommerkleider tragen kann und sogar einen Bikini.

Wenn du wie Simone durchstarten möchtest, dann schau einfach bei einem Treffen in deiner Nähe vorbei:

www.weightwatchers.de/treffen

Erfolgsstory

Simones Erfolgstipps:

- Ich esse viel mehr Obst als früher: Ein leckerer Obstsalat ganz ohne SmartPoints ist für mich die beste Zwischenmahlzeit.
- Ich habe mir figurfreundliche Alternativen zu den Dickmachern gesucht, die ich früher in großen Mengen gegessen habe: Statt der Tüte Chips gibt es heute eine Handvoll Salzbrezeln oder auch mal würzige Balsamico-Gurken.
- Der Austausch im Treffen ist für mich sehr wichtig: Mein Coach steht mir immer mit Rat und Tat zur Seite, und ich profitiere auch von den Tipps der anderen Teilnehmer.

Autorin: Silke Bruns
Fotograf: Lars Matzen

Register nach Alphabet

A

Asiatische Tofupfanne mit Reisnudeln	161

B

Bandnudeln mit Garnelensauce	84
Bandnudeln mit Orangensauce und Sesamlachs	98
Bandnudeln mit Paprika-Mandel-Sauce	122
Broccolinudeln mit Mandelpesto	141

C

Cannelloni mit Zitronen-Kalbfleisch-Füllung	51
Chinesische Bratnudeln mit Gemüse	18

F

Farfalle in cremiger Tatar-Zucchini-Sauce	26
Farfalle mit Broccolisauce	114
Farfalle mit Gartengemüse-Käse-Sauce	121
Farfalle mit Tomaten-Ricotta-Sauce	156
Fruchtige Gemüse-Nudel-Pfanne	110
Fusilli mit Lachs-Senf-Sauce	99

G

Gemüselinguine mit Tomaten-Kräuter-Pesto	114
Gemüse-Spaghetti-Omelette	126
Glasnudeln mit süß-saurer Asiasauce	117
Glasnudelsalat mit Tatar	49
Glasnudelsuppe mit Garnelen	88
Grundrezept Nudelteig	8
Gulasch-Gemüse-Topf mit Nudeln	17

H

Hacklasagne mit Spinat	50
Hack-Zucchini-Pfanne mit Nudeln	14
Hühner-Nudel-Suppe	37

K

Käsespätzle-Auflauf	22
Käsespätzle nach Allgäuer Art	129

L

Lachslinguine mit Lauch	91
Lachs-Spinat-Auflauf mit Bandnudeln	100
Lasagne mit Hackfleisch	33
Lasagne mit Tofubolognese	118
Lauwarmer Hähnchen-Nudel-Salat	38
Linguine mit Artischocken-Zitronen-Sauce	146
Linguine mit Lachs-Spinat-Sauce	104
Linguine mit Spinat-Roquefort-Sauce	126
Linguine mit Walnuss-Karotten-Pesto	142
Linsen mit Spätzle	132

M

Makkaroni mit Kräuter-Käse-Sauce	142
Mediterraner Nudel-Bohnen-Topf	138
Meeresfrüchte auf Bandnudeln	91
Mie-Nudeln mit Garnelen-Chili-Sauce	96
Mie-Nudel-Salat mit Hähnchensaté	34
Minestrone mit Farfalle	150

N

Nudelauflauf mit Blumenkohl und Broccoli	158
Nudel-Gemüse-Pfanne mit Filet	68
Nudel-Gemüse-Pfanne mit Garnelen	79
Nudel-Lauch-Auflauf mit Hack	61
Nudeln mit Hähnchen-Fenchel-Sauce	53
Nudeln mit Karotten-Schinken-Sauce	57
Nudeln mit Lamm-Wirsing-Sauce	46
Nudeln mit Pilzrahmsauce	122
Nudeln mit spanischer Chorizo-Paprika-Sauce	25
Nudel-Rindfleisch-Topf mit Spinat	30
Nudel-Thunfisch-Pfanne	83

O

Orecchiette mit Muschel-Spinat-Sauce	92

P

Pasta mit Gurke und Forelle	80
Pasta mit mediterranem Schweinefilet	43
Pasta mit Pfifferlingsauce	29
Pastinaken-Nudel-Auflauf mit Wirsing	149
Penne Arrabiata	41
Penne mit frischem Bärlauchpesto	157
Penne mit gefüllten Hähnchenschnitzeln	21
Penne mit Tomaten-Auberginen-Sauce	125

R

Rindfleischtopf mit Nudeln	73

S

Saftige Mangoldlasagne	145
Salbeipenne mit weißen Bohnen	133
Schneller Nudel-Thunfisch-Topf	103
Spaghetti Bolognese	62
Spaghetti Carbonara	32
Spaghetti mit Garnelen und Rucola	100
Spaghetti mit Parmesanschnitzeln	66
Spaghetti mit Ratatouillesauce	134
Spaghetti mit scharfer Thunfisch-Paprika-Sauce	76
Spaghetti mit Venusmuscheln	80
Spaghettisalat mit Tomatenpaprika	137
Spätzleauflauf mit Roastbeef	54
Spätzle-Leberkäse-Pfanne mit grünen Bohnen	69
Spätzlepfanne mit Spitzkohl	146
Spinatlasagne mit Putenbrust	70
Spinatravioli in Champignonsauce	113
Spiralnudeln mit Honig-Senf-Hähnchen und Bohnen	42
Stremellachs mit Pestonudeln	87

T

Tagliatelle mit Hähnchenbrustfilet	23
Tagliatelle mit karamellisiertem Radicchio	154
Tagliatelle mit Spargel-Garnelen-Sauce	107
Tagliatelle mit Zitronen-Parmesan-Sauce	65
Thunfisch-Nudel-Auflauf	95
Tofu-Gemüse-Wok mit Mie-Nudeln	153
Tofu in Sesampanade mit Gemüsenudeln	130
Tortellini-Schnitzel-Eintopf	45

W

Würstchengulasch mit Nudeln	58

Lust auf...

...Asiatisch?

Asiatische Tofupfanne mit Reisnudeln	161
Chinesische Bratnudeln mit Gemüse	18
Glasnudeln mit süß-saurer Asiasauce	117
Glasnudelsalat mit Tatar	49
Glasnudelsuppe mit Garnelen	88
Mie-Nudeln mit Garnelen-Chili-Sauce	96
Mie-Nudel-Salat mit Hähnchensaté	34
Nudel-Gemüse-Pfanne mit Filet	68
Tofu-Gemüse-Wok mit Mie-Nudeln	153
Tofu in Sesampanade mit Gemüsenudeln	130

...etwas Besonderes?

Cannelloni mit Zitronen-Kalbfleisch-Füllung	51
Meeresfrüchte auf Bandnudeln	91
Nudeln mit Lamm-Wirsing-Sauce	46
Orecchiette mit Muschel-Spinat-Sauce	92
Pasta mit mediterranem Schweinefilet	43
Spaghetti mit Venusmuscheln	80
Spätzleauflauf mit Roastbeef	54
Tagliatelle mit karamellisiertem Radicchio	154
Tagliatelle mit Spargel-Garnelen-Sauce	107

...Geflügel?

Chinesische Bratnudeln mit Gemüse	18
Hack-Zucchini-Pfanne mit Nudeln	14
Hühner-Nudel-Suppe	37
Lauwarmer Hähnchen-Nudel-Salat	38
Mie-Nudel-Salat mit Hähnchensaté	34
Nudeln mit Hähnchen-Fenchel-Sauce	53
Penne mit gefüllten Hähnchenschnitzeln	21
Spaghetti mit Parmesanschnitzeln	66
Spinatlasagne mit Putenbrust	70
Spiralnudeln mit Honig-Senf-Hähnchen und Bohnen	42
Tagliatelle mit Hähnchenbrustfilet	23

...Klassiker?

Käsespätzle nach Allgäuer Art	129
Lasagne mit Hackfleisch	33
Linguine mit Lachs-Spinat-Sauce	104
Nudeln mit Pilzrahmsauce	122
Penne Arrabiata	41
Penne mit frischem Bärlauchpesto	157
Spaghetti Bolognese	62
Spaghetti Carbonara	32

...Mediterranes?

Farfalle mit Tomaten-Ricotta-Sauce	156
Linguine mit Artischocken-Zitronen-Sauce	146
Mediterraner Nudel-Bohnen-Topf	138
Minestrone mit Farfalle	150
Nudeln mit spanischer Chorizo-Paprika-Sauce	25
Pasta mit mediterranem Schweinefilet	43
Penne mit Tomaten-Auberginen-Sauce	125
Salbeipenne mit weißen Bohnen	133
Spaghetti mit Garnelen und Rucola	100
Spaghetti mit Ratatouillesauce	134
Tagliatelle mit Zitronen-Parmesan-Sauce	65

...Pfannengericht?

Asiatische Tofupfanne mit Reisnudeln	161
Chinesische Bratnudeln mit Gemüse	18
Fruchtige Gemüse-Nudel-Pfanne	110
Gemüse-Spaghetti-Omelette	126
Hack-Zucchini-Pfanne mit Nudeln	14
Nudel-Gemüse-Pfanne mit Filet	68
Nudel-Gemüse-Pfanne mit Garnelen	79
Nudel-Thunfisch-Pfanne	83
Spätzle-Leberkäse-Pfanne mit grünen Bohnen	69
Spätzlepfanne mit Spitzkohl	146
Tofu-Gemüse-Wok mit Mie-Nudeln	153

...Schnelles?

Broccolinudeln mit Mandelpesto	141
Farfalle in cremiger Tatar-Zucchini-Sauce	26
Farfalle mit Tomaten-Ricotta-Sauce	156
Fruchtige Gemüse-Nudel-Pfanne	110
Glasnudelsalat mit Tatar	49
Linguine mit Artischocken-Zitronen-Sauce	146
Linguine mit Walnuss-Karotten-Pesto	142
Makkaroni mit Kräuter-Käse-Sauce	142
Nudel-Gemüse-Pfanne mit Garnelen	79
Orecchiette mit Muschel-Spinat-Sauce	92
Pasta mit Gurke und Forelle	80
Penne mit frischem Bärlauchpesto	157
Salbeipenne mit weißen Bohnen	133
Schneller Nudel-Thunfisch-Topf	103
Spaghetti Carbonara	32
Spaghetti mit scharfer Thunfisch-Paprika-Sauce	76
Spaghettisalat mit Tomatenpaprika	137
Spätzle-Leberkäse-Pfanne mit grünen Bohnen	69
Spiralnudeln mit Honig-Senf-Hähnchen und Bohnen	42
Tagliatelle mit karamellisiertem Radicchio	154
Tagliatelle mit Zitronen-Parmesan-Sauce	65
Würstchengulasch mit Nudeln	58

...Suppe und Eintopf?

Glasnudelsuppe mit Garnelen	88
Gulasch-Gemüse-Topf mit Nudeln	17
Hühner-Nudel-Suppe	37
Mediterraner Nudel-Bohnen-Topf	138
Minestrone mit Farfalle	150
Nudel-Rindfleisch-Topf mit Spinat	30
Rindfleischtopf mit Nudeln	73
Schneller Nudel-Thunfisch-Topf	103
Tortellini-Schnitzel-Eintopf	45

...Überbackenes?

Cannelloni mit Zitronen-Kalbfleisch-Füllung	51
Hacklasagne mit Spinat	50
Käsespätzle-Auflauf	22
Lachs-Spinat-Auflauf mit Bandnudeln	100
Lasagne mit Hackfleisch	33
Lasagne mit Tofubolognese	118
Nudelauflauf mit Blumenkohl und Broccoli	158
Nudel-Lauch-Auflauf mit Hack	61
Pastinaken-Nudel-Auflauf mit Wirsing	149
Saftige Mangoldlasagne	145
Spätzleauflauf mit Roastbeef	54
Spinatlasagne mit Putenbrust	70
Thunfisch-Nudel-Auflauf	95

...Vegan?

Bandnudeln mit Paprika-Mandel-Sauce	122
Mediterraner Nudel-Bohnen-Topf	138
Minestrone mit Farfalle	150
Tofu-Gemüse-Wok mit Mie-Nudeln	153

Impressum

Redaktion
Weight Watchers
Claudia Braun, Claudia Thienel

Realisierung
The Food Professionals Köhnen AG, Sprockhövel

Projektleitung
Silke Höpker

Rezepte
Janina Gerthold, Insa Weißpfennig

Versuchsküche
Judith Balks, Dennis Webers

Fotografie
Klaus Arras, Carsten Eichner, Andreas Ketterer, Steve Lee (Seite 159),
Dirk Przibylla, Hubertus Schüler, Stefan Schulte-Ladbeck,
Thinkstock (Seiten 7, 10)

Foodstyling
Katja Briol, Marc Fleischer, Maren Jahnke,
Evelyn Layher, Stefan Mungenast, Christa Schraa

Gestaltungskonzept und Grafik
The Food Professionals Köhnen AG, Sprockhövel
Petra Penker, Anja Reins

Druck
paffrath print & medien GmbH, Remscheid

1. Auflage 2016

weightwatchers

Info-Hotline 01802 - 23 45 64*
www.weightwatchers.de

© 2016 Weight Watchers International, Inc.
Der Nachdruck sowie die Verbreitung, auch auszugsweise, in jeder Form oder Weise dieses Buchs ist nur mit vorheriger schriftlicher Genehmigung des Herausgebers erlaubt. Alle Rechte vorbehalten.

WEIGHT WATCHERS und SmartPoints sind eingetragene Marken von Weight Watchers International, Inc.

*0,06 €/Anruf aus dem Festnetz, Mobilfunk höchstens 0,42 €/Minute.

PEFC zertifiziert
Dieses Papier stammt aus nachhaltig bewirtschafteten Wäldern
und kontrollierten Quellen.

www.pefc.de